다시, 빛으로

다시, 빛으로
상실을 통과하는 당신에게

초 판 1쇄 2025년 08월 28일

지은이 윤현희(Lumi)
펴낸이 류종렬

펴낸곳 미다스북스
본부장 임종익
편집장 이다경, 김가영
디자인 윤가희, 임인영
책임진행 김은진, 이예나, 김요섭, 안채원

등록 2001년 3월 21일 제2001-000040호
주소 서울시 마포구 양화로 133 서교타워 711호
전화 02) 322-7802~3
팩스 02) 6007-1845
블로그 http://blog.naver.com/midasbooks
전자주소 midasbooks@hanmail.net
페이스북 https://www.facebook.com/midasbooks425
인스타그램 https://www.instagram.com/midasbooks

ⓒ 윤현희(Lumi), 미다스북스 2025, *Printed in Korea.*

ISBN 979-11-7355-379-0 03810

값 19,500원

※ 파본은 구입하신 서점에서 교환해드립니다.
※ 이 책에 실린 모든 콘텐츠는 미다스북스가 저작권자와의 계약에 따라 발행한 것이므로 인용하시거나 참고하실 경우 반드시 본사의 허락을 받으셔야 합니다.

미다스북스는 다음세대에게 필요한 지혜와 교양을 생각합니다.

다시, 빛으로

상실을 통과하는 당신에게

윤현희 Lumi

미다스북스

프
롤
로
그

.

동생이 한 명 있었다.

따뜻하고 선한 미소 짓는 얼굴. 즐겨 쓰는 향수가 있었는데 이름은 모르겠다. 엘리베이터에서 그 향을 맡게 될 때가 있다. 그땐 유독 동생이 그리워진다. "누나"라고 부르는 소리가 귓가에 맴도는 것 같다. 내가 입던 보라색 점퍼가 마음에 들었는지 어느 날 동생이 그 옷을 달라고 했다. 남녀가 함께 입어도 되는 옷이라 입으라고 줬다. 연보라색이 하얀 얼굴에 그렇게 잘 어울릴 줄 몰랐다. 그 옷을 입고 함박웃음 짓는 모습이 눈앞에 어른거린다.

네 살 터울의 남동생은 착한 아이였다. 물론 아주 어릴 적엔 자기 뜻대로 되지 않으면 돌멩이를 던지곤 했다. 할머니는 그럴 때마다 동생을 나무랐다. 동생과 나는 할머니, 할아버지 손에 컸다. 결혼 전부터 도박에 중독된 아버지는 가정을 전혀 돌보지 않았다. 전국을 유람하면서 돈을 빌리고 도박에 의존해 생을 이어갔다. 다 기울어진 집. 엄마는 1년에 한두 번 방문한 아버지의 폭력을 견디지 못했다. 어느 날 새벽, 두 살인 동생과 여섯 살인 나를 두고 집을 나갔다. 남겨진 동생 손을 붙들고 동네를 다녔던 기억이 있다. "쯧쯧, 어미 아비도 없는 것들." 맞다. 아버지란 이름은 있으나 의미 없는 존재. 생활고와 폭력을 견디다 못한 엄마의 가출. 부모 자리는 비어있었다. 엄마를 거의 잊고 지내고 있었다. 5학년 말 즈음 엄마가 갑자기 시골집에 나타났다. 오랜 시간 소식이 없던 엄마, 다정한 말 한마디 없이 보자마자 잔소리를 해댔다. 누나인 나도 어리둥절한데 어린 동생은 얼마나 황당했을지. 공부를 안 한다는 이유로, 엄마는 나를 광주시에 있는 큰외숙모 집으로 전학을 시켰다. 동생과 그렇게 헤어졌다.

큰외숙모 집에서 3년을 지내면서 소식만 들었다. 어쩌다가 시골집에 가면 할머니 할아버지와 함께 잘 지내는 것 같았다. 난 중3이 되면서 서울에 있는 엄마한테 왔다. 동생은 데려올 수 없었다. 엄마는 나를 데리고 가정부 생활을 했기 때문이다. 할아버지가 소천하고 할머니가 홀로 남았을 때 아버지는 새엄마랑 시골집에 왔다. 그때부터 동생의 또 다른 삶이 시작되었다. 동생은 집 떠나 기숙사가 있는 상업계 고등학교로 진학했다. 엄마는 집에서 다닐 수 있는 인문계 고등학교에 가길 원했다. 동생 선택이 충분히 이해됐다. 무관심했던 아버지란 사람과 새엄마를 잠깐이라도 겪어봤기 때문이다.

결혼 후 상고를 졸업한 동생이 원양어선을 탔다는 소식을 들었다. 남편이 제안했다. 함께 살자고. 동생이 상고 졸업 성적으로 상호신용금고에 합격했다. 함께 산 지 2년이 다 되어가는 어느 날, 동생이 직장 근처로 독립하고 싶다고 했다. 안 그래도 신경이 쓰이던 참이었는데 그 말이 내심 반가웠다. 동생은 혼자 살면서 차도 사고 잘 살아가는 것처럼 보였다. 정말 감사했다. '고모가 되면 얼마나 좋을까?' 혼자 고모가 되는 상상을 했다. 하지만 그 꿈은 이뤄지지 않았다.

21년 전, 여느 때와 다름없는 토요일이었다. 전화벨이 요란하게 울렸다.
"경찰입니다. 영수 누님이신가요? 죄송합니다. 동생이 죽었습니다. 동생분 차가 녹색 차 맞지요?"
가슴이 쿵 내려앉았다. 다리 힘이 풀렸다. 주저앉은 나를 보고 곁에 있던 남편이 전화기를 가져갔다. 동생은 스스로 세상을 떠나고 말았다. 하나밖에 없는 형제, 내겐 동생이 아니라 오빠 같은 아이였는데 그렇게 가고 말았다. 동생이 스스로 세상을 등진 것도 믿을 수 없지만 기독교 관점에서 동생이 지옥에 갔을까 봐 더 힘들었다. 영겁의 시간 속에 세상의 삶은 잠깐이다. 동생이 긴 시간을 지옥에서 보낸다면 더 끔찍한 일이다. 이생에서도 힘들었는데….

꿈인지 환상인지 동생을 다시 보게 됐다. 사실, 동생은 자기 차 안에서 수면제를 복용하고 숨졌다. 그 장면이 다시 보였다. 존경하는 목사님이 동생을 뒤에서 안고 있었다. 목사님은 예수님을 대신한다고 들은 적 있다. 덕분에 위로가 되었다. 그 뒤로 친구와 지인들의 권유로 심리상담사 길로 접어들었다. 동생에 대해 빚진 마음이 상담사로서 길을 가는데 동력이 되었다. 동생처럼 자살한 유가족을 상담장에서 많이 만났다. 그 아픔을 함께 느꼈다. 가슴이 먹먹하고 차오르는 눈물을.

삶이 버겁고 힘들어서 동생처럼 자살을 생각하고 있는 사람도 있을 수 있다. 삶이 녹록지 않다. 때론 장애물이 쓰나미처럼 한꺼번에 몰려올 때도 있다. 나도 자살할 생각을 한 적 있다. 죽을 용기가 없어서 살았다고도 할 수 있다. 상담하기 전 내가 제일 아픈 줄 알았다. 상담장에서 사람들을 만나면서 그게 아니라는 것을 알게 되었다. "志行上方

分福下比(지행상방 분복하비)" 조선시대 3대 청백리 중 한 사람인 '이원익' 선생의 좌우명이다. "뜻과 행실은 나보다 나은 사람과 견주고, 분수와 복은 나보다 못한 사람과 비교하라." 힘들 때마다 떠올리게 된다.

사람은 누구나 결핍을 안고 살아간다.
동생을 떠나보내고 나서야, 그 아이가 얼마나 오랫동안 외로웠는지를 비로소 보게 되었다. 누군가가 겪는 고통은 때때로 말로는 다 전해지지 않는다. '괜찮다'라는 말 뒤에 숨은 상처, 아무렇지 않은 듯 웃는 얼굴 아래 덮여 있던 결핍. 동생의 죽음은 내게 수많은 질문을 남겼다. 이 책은 그 질문에 대한 나름의 답을 찾아가는 과정이었다. 단지 자살이라는 사건만을 이야기하고 싶었던 것은 아니다. 동생의 삶, 그리고 그 결핍이 형성된 과정. 그 속에서 우리가 무엇을 이해하고, 무엇을 놓치고 살아가는지를 들여다보고 싶었다.

나는 왜 이토록 아픈가?
우리는 왜 서로를 제대로 보지 못했을까?
어떻게 해야 이 슬픔을 넘어 살아갈 수 있을까?
이 책은 유가족인 내 고백이자, 이 순간에도 아픔의 자리를 지나는 누군가에게 보내는 작은 등불이다.

심리상담가로서 만난 내담자들의 이야기, 동생과의 기억, 그리고 내 안의 고통과 회복의 여정을 통해, 우리는 서로의 상처를 더 깊이 이해할 수 있을 것이다. 완전하지 않더라도, 조금 더 따뜻하게.

부디 이 책이 당신의 '삶'에 조용한 전환점이 되기를.
그리고 누군가의 결핍을 이해하려는 당신의 마음에,
조용한 위로가 되기를 바란다.

목
차

프롤로그 004

1장
하늘나라로 떠난 내 동생

1. 동생이 죽었다 017
2. 까치는 알고 있을까? 023
3. 목사님 품에 안긴 동생 029
4. 자살 신호 035
5. 남은 자, 유가족의 아픔 042
6. 나를 용서하고, 너를 용서하고 048
7. 짧은 동생의 삶 055

2장
존재의 시작, 유년 시절의 추억

1. 세상은 나를 어떻게 맞이했을까?　063
2. 유산의 교훈　069
3. 탯줄로 쓴 작별　075
4. 생명과 책임　081
5. 부모도 준비가 필요하다　088
6. 모유 수유　094
7. 산후 우울증과 호르몬　100
8. 초기 기억　107
9. 학교보다는 자연생활　114
10. 나를 지탱한 조용한 힘, 할머니　121

3장
사랑에서 진로까지, 청소년기의 성장

1. 엄마한테 오다　131
2. 난 애벌레, 넌 나비　138
3. 지푸라기라도 잡은 심정으로, 사랑 타령　144
4. 피해의식에서 벗어나다　151
5. 전공 선택과 진로　157
6. 천직을 발견하고 가꾸자　164
7. 생각과 도전, 천직을 향한 열쇠　171
8. 천직, 찾고 만들어 가는 여정　177

4장
사랑과 의무, 그 무게를 견딘 시기

1. 결혼, 남편을 통해 아버지 사랑을 알다   187
2. 부부에서 부모로   194
3. 엄마와의 동거   200
4. 제2의 인생, 상담사의 길   207
5. 강사로서의 삶   213
6. 중년의 위기   219
7. 인생 이모작, 삼모작   225
8. 나다움이란?   231

5장
노년기와 삶의 지혜

1. 시크릿   239
2. 쉼, 여행을 통해서 배우다   245
3. 봉사와 나눔   252
4. 감사가 이긴다   259
5. 죽음, 삶의 내비게이션   266
6. 나를 위한 용서   273
7. 웰다잉, 준비   279

에필로그　286

| 일러두기
본문 내에 활용된 사례의 이름은 모두 가명입니다.

1장
하늘나라로 떠난 내 동생

화장터, 동생의 관이 불 속으로 사라지던 날이었다. 까치 한 마리가 가만히 나를 바라보고 있었다. 누구도 위로가 되지 않던 그 순간, 이상하게도 까치는 내 마음을 다 아는 것 같았다. 그저 날아가지 않고 그 자리에 있었다는 이유 하나만으로. 동생이 떠난 지 3일째 되는 날, 나는 동생의 관을 실은 운구차에 탔다. 버스가 달리는 동안, 나도 같이 떠나면 좋겠다는 생각이 들었다. 하지만 누군가의 손길, 말 한마디, 아니면 까치 한 마리조차도 그 순간 내 마음의 끈이 되어주었다.

말하지 못했던 것들이 있다.
들어주지 못했던 신호가 있다.
그리고 여전히 남아있는 질문들이 있다.

1. 동생이 죽었다

21년 전 어느 날, 주말 늦은 오후였다. 전화벨이 요란하게 울렸다.
"경찰서입니다. 영수 누님이시지요. 동생분이 차에서… 죽었습니다. 동생 차량이 녹색 차 맞지요?"

경찰관, 녹색 차라는 말에 다리 힘이 풀렸다. 순간 필름이 끊어진 것 같다. 주저앉아 미동도 없는 내게서 남편이 전화기를 가져갔다. 믿기지도 않은 사실 앞에 넋 나간 나를 남편이 부축했다. 아이들을 지인한테 맡기고 부천으로 향했다. 꿈을 꾸고 있는 것일까. 꿈인지 생시인지 분간이 안 되는데 벌써 눈물이 앞을 가렸다. 녹색 차, 흔하지 않은 차였다. 동생이 차를 샀다고 자랑하던 모습이 눈에 선하다. 그럴 리가 없어, 부인하고 싶었다. 녹색 차가 머릿속을 꽉 채웠다. 숨을 제대로 쉴 수 없었다. 어느새 동생이 타고 다녔던 녹색 차가 보였다. 차에서 내리는데 제대로 걸을 수가 없었다. 땅바닥에 주저앉았다. 어렴풋이 동생의 뒷모습이 눈에 들어왔다. 이 상황이 현실이란 말인가. 남편이 운전석에 앉아 있던 동생을 확인했다.

동생은 자기 차를 샀다고 좋아했다. 직장에 다닌 지 오래되지 않아서 원하던 삶을 하나씩 갖춰가는구나 싶어서 대견스러웠다. 바로 그 차에서 동생은 죽었다. 무엇이 급해서 이리도 빨리 갔는지…. 얼마나 외로웠는지 아팠는지, 이런 것들은 나중에 들었던 생각이다. 눈앞에 일어나는 일들이 환상인지, 현실인지 구분이 되지 않았다. 나에게 이런 일도 있구나. 몸과 마음이 따로였다. 모든 일은 남편이 알아서 했다. 나는 하라는 대로만 움직였다. 머리가 하얗게 되고 생각이 멈췄다. 세상이 정지되어 버린 느낌이었다. 굳이 표현을 빌리자면, 임사체험을 하는 것처럼 현실과 내가 동떨어진 느낌이었다. 동생이 차에 앉아서 쉬고 있는 것만 같았다.

정신을 차려 보니 장례식장이었다. 지금도 어느 장례식장인지 모른다. 하얀 국화꽃에 둘러싸여 동생이 환하게 웃고 있었다. 저렇게 활짝 웃고 있는데…. 지독한 악몽을 꾸고 있는지도 모르겠다고 생각했다.

정신이 들 때는 여러 가지 생각들이 스치듯 지나갔다. 결혼식 때 잠깐 보고 그 후로 만나지 않았던 아버지가 왔다. 미친 듯이 퍼부어 대고 싶었다. '무엇 하러 왔냐고, 이게 다 당신 때문이라고.' 모두 아버지 탓인 것만 같았다. 차라리 아버지가 죽었다고 말하는 것이 더 낫다고 생각한 적이 많았다. 아버지로서 역할을 전혀 하지 않았다. 아버지라고 불러본 기억도 없다. 아들 자살 소식을 들었을 때 아버지 마음은 어땠을까. 나에게 관심이 없듯이 동생에게도 관심을 두지 않은 사람이다. 동생이 아버지로 인해 세상에 나왔지만 마치 아버지로 인해 세상을 등진 것 같았다. 내 결혼식 때도 하객 없이 빈손으로 왔다. 할아버지가 축의금을 아버지한테 줬다는 것을 나중에 알았다. 그 돈마저 다 써버리고 동생한테 돈을 타 간 사람이다. 동생이 떠날 때도 어린 친척 두 명만 데리고 왔다. 그래도 딸이라고 외모는 아버지랑 닮았는데 그마저 싫었다. 동생이 이렇게 되고 보니 미움만 남았다. 원망 섞인 눈물만 흘렸다. 엄마는 멍한 표정으로 앉아 있었다. 좁은 어깨가 더 좁아 보였다. 눈물도 나지 않은 모양이다. 미동도 하지 않은 엄마가 더 안타까웠다. 삶이 이런 것인가 하는 회한만 남았다.

동생이 상호신용금고를 다녔는데 그 회사 직원들이 3일장 내내 빈소를 지켜주었다. 이것만 봐도 동생이 회사 생활을 어떻게 했는지 짐작

간다. 그런 동생이 수의를 입고 차갑게 굳은 채로 누워있었다. 믿기지 않은 현실 앞에 괴리감을 느꼈다. 동생 염하는 모습은 보지 못했다. 33세로 짧은 생을 스스로 마감한 내 동생. 어디 하나 의지할 데가 없어서 이렇게 모진 마음을 먹었구나. 누나라고 의지할 만한 대상이 되지 못했다. 오히려 동생이 오빠 같다고 생각했다. 동생은 힘든 삶을 살아서인지 애 어른 같은 모습이 있었다. 손님들이라곤 우리 시댁 식구들과 외갓집 식구들 그리고 동생 회사 사람들과 교회에서 온 성도들뿐이었다. 동생 친구들한테 연락하지 못했다. 당시에는 거기까지 생각이 닿지 않았다. 제정신이 아니었다는 말밖에 할 수가 없다. 지금 글을 쓰면서 동생 친구들이 생각난다. 연락이 안 되니 얼마나 황당했을까.

죽음, 몸은 단절되어 만질 수도 함께할 수도 없다. 21년이 지난 지금 동생과의 관계는 또 다른 형태로 현재 진행형이라고 말하고 싶다. 즐거운 일이 있거나 슬프고 외롭고 힘들 때, 가끔 동생을 소환한다. 동생이라면 이럴 때 어떻게 할까? 나보다 더 의젓했던 동생은 항상 내 편을 들어주었을 것이다. 몸은 떠났지만 내 삶 한가운데 동생은 살아 있다.

주위의 권유를 받고 상담 공부를 시작했을 때 가장 먼저 떠오른 사람도 동생이다. 동생의 아픔을 눈치채지도 못한 어리석음을 사죄하는 마음으로 시작했다. 삶에 지치고 힘든 누군가가 동생처럼 자살을 생각하고 있을지 몰라 겁도 났다. 하나뿐인 동생을 자살로 잃었으니 어쩌면 자격조건이 안될지 모른다. 누군가 이 책을 읽고 "너나 잘하시지 그러셨어요?" 하고 야유를 보낼지도. 자살로 소중한 가족을 잃은 사람은 채울 수 없는 커다란 구멍이 나 있는 것 같다. 그 구멍을 메꿔보고도 싶었다. 나의 진로에 상담사가 있을 줄은 꿈에도 몰랐다. 운명일까? 원치 않은 일을 경험하면서 계획에 없던 또 다른 삶을 살아가게 된다. 상담 일을 하면서 나처럼 뜻하지 않은 이별을 경험한 사람들을 만난다. 그들의 절절한 아픔에 나의 감정이 역전될 때가 있다. 같은 일로 아파본 사람일수록 더 깊이 공감한다. 언제나 곁에 있을 것 같은 사람이 떠났다. 항상 있어 줄 것 같지만 사람은 한 치 앞도 모른다. 그게 인생이다. 그래서 우리 주위에 있는 사람이 얼마나 소중한지 알아야 한다. 아니 소중함을 알려야 한다.

"당신은 내게 소중한 사람이라고, 그리고 사랑한다고!"

마냥, 곁에 있을 줄 알고 동생에게 말하지 못했다. 동생을 사랑했다고. 자랑스럽게 여기고 많이 의지했다고. 동생은 누나의 마음을 알았을까? 그동안 다 전하지 못해서 미안하기만 하다. "누군가에게 사랑한다는 말을 하고 싶다면 내일로 미루지 말라."라고 『살며 사랑하며 배우며』를 쓴 작가 레오 버스카 글리아가 말했다. 언제나 옆에 있을 것 같아 상대가 힘이 되는 말을 미룰 때가 있다. 한 치 앞을 알 수 없는 게 인생이다. 소중한 사람에게 늘 표현하면서 살았으면 좋겠다.

2. 까치는 알고 있을까?

　동생의 친구조차 없는 장례식이 벌써 3일째 되었다. 운구차에 동생이 실린 관을 태우고 화장터로 갔다. 운구차를 처음 탔다. 매장할지, 화장으로 할지 생각조차 못 했다. 남편과 동생 회사 담당자랑 얘기가 되었던 모양이다. 화장터로 가는 내내 운구 버스가 먼 길을 떠나는 것 같이 느껴졌다. 나도 죽고 싶었던 때가 있었다. 운구차가 영원의 저편으로 가는 버스처럼 느껴졌다. 이대로 떠나면 좋겠다는 생각이 들었다. 남편이 옆에 앉아 손을 꼭 잡고 있어서 그나마 그 온기에 조금이라도 정신을 차렸다. 하지만 그 외엔 누가 함께 탔는지 기억이 나질 않는다. 차창 밖을 하염없이 바라보는데 소리 없는 눈물이 흘러내렸다.

어이해서 나보다 앞서갔을까. 미련한 누나가 알아채지 못하면 알아듣게 얘기를 하지. 혼자 수면제를 모았을 때 그 마음이 오죽했을까. 꽁꽁 싸맨 삼베옷처럼 동생의 마음이 갇혀 있었다는 것이 이리도 마음 아픈 것을…. 모진 말을 하지도 못하고 가슴속에 한이 맺혀서 자신을 해치고야 말았던 내 동생.

동생 회사에서 3일장을 다 치러 줬다. 직장 동료들이 동생 칭찬을 많이 했다. 같은 시간을 살더라도 '시간의 두께'라는 말이 있듯이 어떤 사람은 같은 시간을 더 두껍게 사는데 동생을 두고 한 말인 것 같다. 화장터에 도착했다. 어떻게 하는지 처음 보는 장면이다. 불화로 같은 곳에서 동생의 관이 태워졌다. 그 장면을 보고 있자니 말로 표현할 수 없는 아픔이 전해져왔다. 이렇게 이슬처럼 사라져 버리는 게 인생인가. 동생의 몸이 불화로 속에 타버리고 나한테 남겨진 것은 따뜻한 한 줌의 재였다. 그 느낌을 20년이 지난 지금도 기억한다. 목 놓아 울어도 답이 없다. 하나님도 원망스러웠다. 아버지도 원망스러웠다.

"이생에서도 이렇게 힘들었는데 이렇게 가면 어떡하냐고!"

왜 이런 인생을. 새벽 기도도 다녔는데 이런 식으로 데려가냐고. 한 번도 제대로 된 삶을 살지 못했다고. 결혼도 아직 못했다고. 이렇게 스스로 가서 지옥에 가면 어떡하냐고 목 놓아 울어도 답을 주는 사람은 없었다. 아직 따뜻하게 남겨진 재를 화장터에 마련된 곳에 뿌리라고 했다. 재를 한 줌 두 줌 뿌리는데 바로 앞에 까치가 있었다. "너는 내 마음을 알고 있니?" 마치 동생의 영혼이라도 깃든 것처럼 까치를 쳐다보았다. 남편도, 엄마도, 자식도 당시에는 그 누구도 위로가 되지 않았다. 그 순간에는 하나님도 옆에 없는 것 같았다. 지금도 까치만 보면 동생 생각이 난다. 심지어 동생의 소식이 궁금하다고 얘기도 한다. 기쁜 일이 있으면 기쁜 대로, 힘든 일이 있으면 힘든 대로, 까치를 통해서 동생에게 말한다. 아마도 그 누구도 이해할 수 없는 마음을 차라리 동물인 까치한테서 이해받고 위로받고 싶었는지도 모르겠다.

지금 생각해도 화가 난다. 남편도 아버지도 있었는데 동생이 남긴 한 줌의 재를 화장터에 마련된 곳에 뿌렸다. 물론, 부모님이 아직 살아 있어 화장은 처음이었다. 전혀 준비되지 않아서 장례를 집행하는 사람이 하라는 대로 한 것으로 알고 있다. 하지만, 남들은 어떤 특정 장소에 가서 고인을 추모하고 목 놓아 울 수도 있는데 나는 그런 장소도 없다. 하라는 대로 재를 뿌리는 와중에도 그곳은 마치 동생처럼 준비되지 않은 자들의 흔적이 모인 곳이란 생각이 들었다. 형제라곤 동생밖에 없다. 빨리 고모가 되고 싶었다. 고모가 되면 조카들이 예쁘다는데 언제쯤 조카를 볼 수 있을까, 얼마나 예쁠지 기대했었다. 오빠같이 의젓하고 착한 내 동생이 좋은 짝을 만나 가정을 이루고 살아가는 모습을 여러 번 상상했었다. 참 야속하기 그지없다. 동생도 그런 꿈을 꾸었기에 이성을 소개도 받고 했었을 것이다. 내가 소개해 준 이성은 마음에 들지 않는다고 했다. '인연이 있는 법인데 조바심 내지 않고 기다리면 되겠지' 하는 마음을 기억한다.

오해는 하지 말았으면 좋겠다. 원래는 착하다는 말을 좋아했다. 지금은 동생처럼 마냥 착하기만 한 것, 무조건 참는 것은 착한 것이 아니라고 말하고 싶다. 아프면 아프다고, 도움이 필요하면 도와달라고 얘기하면서 살았으면 좋겠다. 말하지 않으면 모른다. 오죽하면 '천 길 물속은 알아도 한 길 사람 속은 모른다.'라는 속담이 있을까. 부모도 그 자식의 속을 다 모른다. 무조건 참는 것만이 능사는 아니다.

사람이 막다른 골목에 이르면 한계를 느끼고 답이 없는 것처럼 느껴진다. "너한테 아무런 길이 없어, 이 길이 최선이야, 죽으면 고통도 없을 거야!" 끊임없이 자살을 요구하는 말이 들릴 수 있다. 꽉 막힌 동굴에 갇힌 것처럼 느껴지고 전부 포기하고 싶을 때, 주위에 자신을 알아주는 사람이 없다고 느껴질 때, 달콤하게 유혹하는 목소리에 조심할 필요가 있다. 수렁으로 빠져드는 느낌과 생각에 휩싸일 때 정신을 차려야 한다. 정신을 차리게 하는 단 한 사람, 끈이 되어줄 한 사람이 필요하다.

자살 예방 교육을 하고 있다. 바로 자살 유혹을 느끼는 누군가에게는 함께할 한 사람이 필요하다. 자살 신호를 알아차릴 때 "혹시 자살 생각하고 있니?"라는 질문은 중요하다. 자살 예방 교육을 받을 때 이 질문이 처음엔 충격적으로 들렸다. 자살하고픈 강도가 더 커지는 게 아닌가? 걱정했었다. 감당하기 힘든 자살 사고를 안정된 공간에서 얘기하는 것만으로 도움이 된다. 자살을 생각하는 이유를 말할 수 있고 현재의 어려운 심정을 이해받을 수 있다. 당신이 물어보고 들어주고 공감하는 그 한 사람이 될 수 있다. 전문가의 도움이 필요하면 연계하면 된다.

주위에 까치가 많아서 다행이다. 동생이 오늘도 그립다. 까치는 내 마음을 알겠지. 지금 내 동생과 같이 힘든 시기를 보내는 사람이 혹시 있다면 누군가한테라도 얘기하면 좋겠다. 마치 나처럼 까치한테 얘기해도 괜찮다. 가슴에 한을 쌓아두지는 않았으면 좋겠다. 『임금님 귀는 당나귀 귀』에서 이발사는 임금님 이발을 하다가 임금님 귀에 대한 비밀을 알게 된다. 이발사는 이 비밀을 발설하는 순간 죽음을 맞게 될 것이라는 명을 받게 된다. 말 못 하다가 그만 병이 든 이발사가 최후에 내린 결론은 대나무밭에다 실컷 얘기하는 것이다.

아프리카 치료사들 이야기다. 삶에 지친 환자가 치료사를 찾아오면 첫째, 마지막으로 부른 노래가 언제인지? 둘째, 마지막으로 춤을 춘 적은 언제인지? 셋째, 자신의 얘기를 한 적은 언제인지? 넷째, 고요한 시간을 가져본 적은 언제인지 등 질문을 통해서 치료한다는 것이다. 우리는 자신의 이야기를 어딘가에 호소하고 해소할 필요가 있다. 누군가 들어주는 것만으로도 위로가 된다. 그래서 상담도 받는 것이다. 무조건 혼자 견디는 것만이 답이 아니라는 것을 알면 좋겠다. 동생처럼 정말 힘든 경우에는 정신과에서 처방하는 약이 필요할 수도 있다. '정신과는 삶에 지친 사람들이 가는 곳이다'라는 말이 있다. 소중한 생명이 그 무엇보다 우선이다. 나의 속 깊은 이야기를 들어주는 한 사람이 있다면 그 사람은 세상에서 오는 고단함과 힘든 삶을 이겨낼 힘이 생길 것이다. 어쩌면 그 대상이 사람이 아니라도 괜찮다. 전혀 얼토당토않은 까치에게 말을 걸고 있지 않은가. 내 마음을 아무도 이해하지 못할 것이라는 전제가 깔린 반응이다. 지금도 까치를 볼 때마다 반갑다. 지금은 가족이랑 친구한테 스스럼없이 말하고 위로도 받는다. 하지만 동생에 관한 아픔만큼은, 여전히 까치가 1순위다.

3. 목사님 품에 안긴 동생

장례를 치르고 나서 이웃에 맡겨놨던 아이들을 데리고 왔다. 지금은 알고 있다. 당시엔 교통사고로 외삼촌이 죽었다고 했다. 아직 어리기도 하고 외삼촌을 좋아했는데 충격이 너무 클 것 같아 솔직하게 말하지 못했다. 동생이 죽고 난 후 시간이 지났는데도 계속해서 나를 괴롭힌 게 있었다. 이 세상에서도 힘들게 산 동생이 지옥에 갔으면 어쩌나 하는 걱정이었다. 거기에는 시간 개념이 없고 영원한 벌에 처하는 곳이라고 믿고 있기 때문이다.

불쌍한 내 동생, 사후에도 고통 가운데 거한다면 이 노릇을 어찌해야 한다는 말인가. 그런 생각이 들 때면 잠자기도 힘들고, 점점 피폐해졌다. 교회도 안 갔다. 동생을 말리지 않은 하나님이 원망스러웠기 때문이다. 신앙이 없는 남편이 안 되겠는지 나를 끌고 교회로 갔다. 작은 교회에서 성가대로 섬기고 있었다. 찬양을 불러야 하는데 입이 떨어지질 않았다. 붕어처럼 소리 없는 입만 뻥긋뻥긋, 눈물이 하염없이 흘러 악보가 보이질 않았다. 악보도 안 보이고 소리도 낼 수 없는데 이상하게도 연한 살구 색깔의 따스한 느낌이 나를 감쌌다. 그 느낌은 말로 표현할 수 없는 위로를 주었다. 찬양할 수도, 찬양하고 싶지 않은데도 억지로 찬양대 자리에 앉아 입만 뻥긋거리는 나를 위로하신 것일까. 알 수 없는 일이다. 한참 후의 일이다. 하나님께서 이런 내가 안타까우셨을까? 꿈인지 생시인지 모르겠다. 동생이 자기 차 안에서 수면제를 복용했었다. 운전석에 앉아 있는 동생을 영으로 충만한 목사님이 뒤에서 안고 있는 모습이 보였다. 목사님은 예수님을 대신한다고도 알고 있다. 누구나 가는 길이라지만 너무 이른 나이에 떠났고 삶이 참 힘들었다. 걱정을 달고 사는 나에게 보여준 장면이다. 예수님 품에 안겼으니 걱정하지 말라고. 때가 되면 다시 만날 수 있으니 염려 말라고.

2012년 11월에 개봉된 영화, 〈철가방 우수 氏〉를 기억하는 사람이 있을 것이다. 주인공 우수 씨는 고아로 자라 가난과 분노로 얼룩진 삶을 살았다. 그의 인생은 마치 좁고 어두운 감방과도 같았다. 헤어날 수 없을 것 같아서 삶을 놓아버리려고 했다. 어려운 아이들과의 만남이 그의 삶을 바꿨다. 가난한 사람도 누군가와 나눌 수 있다는 것을 깨닫게 되었다. 철가방을 메고 뛰어다니면서 번 돈으로 아이들에게 도움을 주는 삶을 살다가 그만 사고로 죽었다. 영화를 보는 내내, 눈물이 났다. 이 '우수'라는 분은 동생과 많이 닮았다. 동생 직장이 상호신용금고라고 해도 월급이 그리 많지 않았다. 그 와중에 어려운 아이들을 몇 명 돕고 있었다. 빚이 천만 원 정도 있는 상태에서 꾸준히 아이들을 도와왔다. 자기 처지와 비슷해서 그랬는지도 모르겠다. 삶의 흔적을 그렇게 남기고 갔다.

 준비되지 않은 동생 일로, 죽음 이후의 삶에 대한 궁금증이 생겼다. 관련된 책을 읽으면서 지낼 때가 있다. 그중에는 종교와 관계없이 사후에 또 다른 '영의 몸'이 이생에서와 비슷한 패턴의 삶을 산다는 내용도 있다. 아마도 동생은 그런 맥락에서 천국에서도 좋은 일을 하면서 살고 있지 않을까 하고 생각한다. 이 땅에서의 삶이 또 다른 형태의 삶으로 이어진다면 삶을 어떻게 살고 마쳐야 할지 답이 나온다. '목사님 품에 안겨있는 동생' 나의 경험이 글을 읽는 자살 유가족에게 위로 되었으면 한다. 자살이라는 이유로, 천주교 교구 묘지에 매장이 안 된다는 사람도 있다. 어떤 목사님은 자살자를 위한 장례 예배는 드리지 않는다고 한다. 자살 유가족은 주위 시선으로 인해 마치 자기가 죄인인 것처럼 숨죽이면서 살기도 한다. 제대로 된 삶을 사는 것이 죄 같다고 얘기하기도 한다. 나도 마찬가지다. 나를 죄인 취급하기도 했다. 신앙관마저 흔들렸다. 힘이 되었던 신앙이 동생의 자살 앞에서는 족쇄 같은 역할을 하기도 했다. 지금도 어떤 자살 유가족은 자신을 힘들게 하고 있을지 모른다. 우리가 판단할 일은 아니라고 조심스럽게 말하고 싶다.

환상이나 꿈 같은 개인적인 경험을 했다고 해서, 결코 자살을 두둔할 생각은 없다. 어떤 사람은 "자살하면 다 끝난다, 자유로워진다."라고 말한다. 실제로 자살 예방 교육 중에도 그런 생각을 털어놓는 이들을 만난다. 그러나 자살을 문제 해결의 방식으로 보는 인식에서 벗어날 필요가 있다. 죽음이 우리가 알지 못하는 또 다른 삶의 시작이듯, 자살 또한 그와 다르지 않다. 만약 자살 충동이 든다면, 단 한 번만이라도 남겨질 사람들을 떠올려주기를 바란다.

상담사로서 나는 임사 체험자를 만난 적이 있다. 그들은 하나같이 자신의 삶이 파노라마처럼 스쳐 지나갔다고 이야기한다. 종교를 떠나, 결국 우리는 누구나 자기 양심 앞에서 걸어온 길을 돌아보게 된다.

아이들 둘 다 초등생일 때, 둘을 데리고 태국행 비행기를 탄 적 있다. 가이드는 태국 공항에서 만나기로 했다. 옆에 미국인 할아버지가 있어 아이들을 소개했다. 애들한테 영어로 얘기해 보라고 말했는데 한 마디도 하지 못했다. 큰애가 초등학교 고학년이라 내심 기대했는데 부끄러워했다. 내가 되지도 않은 영어로 물었다. "어디서 오시나?" 미국에서 혼자 왔다고 했다. 여행보다는 마사지를 받기 위해서 태국행 비행기를 탔다고. 한국 전쟁 참전 용사라고 하기에 감사하다고 전했다. 무슨 용기인지, 전도하고 싶었다. "혹시 하나님을 믿으세요?"라는 말에 믿음까지는 아니지만 인정한다고 했다. 아파서 병원에 장기간 입원한 적이 있는데 임사체험을 했다고. 그런 체험까지 했으니 믿음을 가져보면 어떻겠냐고 물었다. 이 미국인의 임사체험처럼 몸이 죽으면 모든 게 끝나는 것이 아니라는 것을 알 수 있다. 바로 영혼이 있고 그 영혼이 자기 몸을 내려다보고 의료진을 보고 있다는 말은 사후세계를 경험한 사람들이 이야기한 것과 다를 바 없다. 영으로서의 또 다른 삶으로 여정이 기다리고 있을 것이다.

어떤 사람은 이 순간에도 삶의 무게 앞에서 동생처럼 자살 사이트를

뒤지거나 수면제를 모으고 있을지도 모르겠다. 그런 행동을 하기까지 처절한 고통이 뒤따랐을 것이다. 나도 자살을 심각하게 생각한 적이 몇 번 있다. 당시에는 마치 '죽으면 고통이 끝날 것이다'라는 이상한 기대감마저 있었다. 한 번의 고통으로 평안할 것 같았다. 그런 유혹에 넘어가고 싶었다. '힘든 세상 죽으면 끝이지'라는 생각으로 자살을 결심하고 있는가? 죽음은 끝이 아니라 또 다른 시작일 수 있음을 잊지 말았으면 좋겠다. 자살자가 예측하는 남겨진 가족의 아픔은 훨씬 더 처절하다는 것도.

사람들에게 말하고 싶다. 자살 유가족을 두 번 아프게 하지 말았으면 한다. 자살 유가족이란 이유로 이미 아프고 힘들다. 유가족에 대한 시선, 말, 관점을 한 번 더 생각했으면 한다. 손가락질할 대상이 아니고 아픈 대상이다. 유가족들도 스스로 자신을 자책하면서 벌하지 않았으면 한다. 떠난 이도 그것을 바라진 않을 것이다.

4. 자살 신호

자살자는 대부분 자살 경고신호를 보낸다는 심리 부검 결과가 나왔다. 심리 부검 대상 열 명 중 아홉 명 이상(94.0%)은 죽음에 대한 직접적인 언급, 주변 정리, 수면 상태 등 언어, 정서, 행동적 변화를 보인다. 세 명 이상(35.8%)은 생전에 한 번 이상 자살을 시도한 것으로 조사됐다. 주요 사건은 부모, 자녀 등 가족관계(60.4%), 부채나 수입 감소 등 경제문제(59.8%), 동료 관계, 실직 등 직업 문제(59.2%) 순으로 비율이 높았다. 자살 사망자는 스트레스 사건 발생 뒤 우울, 불안 등 정신건강 문제 발생 또는 악화로 자살에 이르는 공통점이 있는 것으로 나타났다.

– 보건복지부, 한국생명존중희망재단(2015~2021).

  심리 부검 보고서를 통해서도 알 수 있듯이 자살자들은 자살하기 전 저마다의 방법대로 자살 신호를 보낸다. 다만, 주변인들이 알아채지 못할 뿐이다. 미숙 씨는 남편이 여러 번의 자살 신호를 보냈다. "죽고 싶다. 당신 나 없이도 잘 살 수 있지. 아마도 씩씩하니까 잘 살 수 있을 거야." 처음엔 화들짝 놀랐다고 한다. 그런 이야기가 해를 넘기면서 반복되고, 어느 날은 한강을 내려다보다가 왔다고 했다. 알아주다 보면 또 잠잠해지고 그러면서 무심하게 되었다. 마치, '양치기 소년처럼 저러다 말겠지' 하고 생각했다고 한다. 왜냐하면 그런 상황이 반복되었고 다시 삶을 잘 살아냈기 때문이라고 했다. 그런데 결국엔 그 남편이 자살하고야 말았다. "나도 힘들지만 죽고 싶어도 자식들이 있어서 버티는데 그 인간은 그렇게 떠났어요." 미숙 씨는 그 말을 하며 목 놓아 울었다.

  자살 유가족을 만나 보면 공통으로 이야기한다. 돌이켜 보면 맞아요. 그것이 자살 신호였어요. 그래서 더 힘들다고 말한다. "알아차리지 못한 내가 무슨 엄마 자격이 있을까요?" 군대에서 자식을 잃은 어머니는 아들이 전화해서 이야기한 내용을 수없이 되짚었다. 지금 생각하면 자살 신호를 보낸 것 같다고 했다. 그런데 무지해서 몰랐다고 한다.

아들이 보낸 사인도 알아채지 못했는데 "사랑한다."라고 한 그 말이 더 가슴 아프다고 했다.

또 다른 유가족 수현 씨는 말했다. 엄마가 입원한 병원에서 좋아졌다고 해서 퇴원했다. 정말 그런 줄 알았다. 더 관심을 가져야 했다. 엄마가 밝아 보여 다시 행복을 꿈꿨었다. "우리 엄마를 그렇게 보내면 안 돼요." 엄마를 잃은 수현 씨는 괴로워했다. 우울증으로 치료하다가 좋아졌다고 해서 방심하면 안 된다는 것을 알려주는 사례다.

둘도 없는 절친을 잃었다. 근영 씨는 친구를 놔두고 혼자 결혼한 게 미안할 정도였다. 친구가 자살할 마음을 먹으리라고는 전혀 눈치채지 못했다. 전날 전화가 왔다. "근영아, 결혼해서 잘 사는 모습 보니까 너무 좋다. 애들은 몇이나 더 낳을 거야. 너랑 신랑 닮은 애들 많이 낳아." 그냥 통상적으로 하는 말이라고 생각했다. 이런 얘기, 저런 얘기 전화통 붙들면 남편이 질투할 정도였다. 근데 그게 마지막이었다. 그것이 자살 신호라면 신호다. 친구를 잃은 근영 씨는 당시에는 아기를 돌볼 힘조차 없었다.

둘째 아들을 잃은 호영 어머니는 정말 모르겠다고 했다. 평소 말이 없고 과묵한 아이였지만 형을 좋아했다. 형제 사이가 부모보다 좋고 둘이 잘 어울리고 의지하는 것 같아서 뿌듯했다. 유서도 없어서 자살 이유를 모르겠다. 자살 사인은 더 잘 모르겠다. "어쩌면 애써 외면해서 그랬는지도요." 물론 한참 상담이 진행된 후의 말이다. 애써 찾으려 해도 모를 수도 있다.

동생은 자살 신호를 보냈다. 혼자서 엉뚱한 원양어선을 탄 것도 어쩌면 자살의 행동적 신호일 수도 있다. 전공과는 전혀 상관없는 원양어선을 왜 탔을까 하고 의아하게 생각했다. 힘이 세거나 말이 억세지도 못한 동생이 그런 생활을 했다는 게 지금 생각해도 어울리지 않는다. 원양어선을 왜? 뚜렷한 답을 듣지는 못했다. "그냥, 원양어선을 탔을 때 목 가운데 스크래치도 내 봤다."라고 웃으면서 무용담을 말하듯이 이야기한 적 있다. 당시에는 파악하지 못했다. 나도 힘들어서 죽고 싶었던 적이 있었다. 동생도 마찬가지라고 생각했다. 믿고 의지할 대상이 그나마 누나라고 생각하고 나한테 신호를 보냈는데 알아차리지 못했다. 동생이 나보다 신앙이 좋다는 이유 하나만으로도 안심했다. 나는 신앙과 결혼으로 안정된 마음을 가졌다. 새벽기도까지 다니는 동생의 신앙이 커 보였다. 결혼만 하면 좋겠다는 생각에 만남 자리를 주선했다. 내가 가진 색깔 안경을 끼고 마음대로 해석한 꼴이 되었다. 동생의 죽음을 운명이라고 치부할 수는 없다. 자살 신호를 알아채고 붙들어서 아직도 살아가고 있는 사람이 있다. 아버지가 동생을 죽음으로 몰고 간 장본인이 아니라, 어쩌면 바로 내가 장본인인지도 모르겠다.

그렇게 무지한 나한테 그래도 누나라고 유서를 남겼다. 정신없는 상황에서 기억에 의하면 대략 이런 내용이었다.

"누나, 그동안 고맙고 정말 미안해. 조카들은 잘 크고 잘될 거야!"

매형을 평소 좋아했다. 동생이 간 그해에 남편이 많은 돈을 친구한테 빌려주고 한 푼도 받지 못하게 되었다. 그 사건이 나를 힘들게 했다고 생각했던 것일까? 매형에 대한 언급이 없었다. 엄마와 아버지에 대한 어떤 언급도 없었다. 그래서 더 마음이 아프다. 자식으로서 먼저 가면서 부모한테 아무 말이 없다. 내 동생의 삶이 어떠했는지 말해주는 것 같았다. 자살자의 심리 부검 중 가장 큰 원인은 사람과의 관계에 있다. 부모와 자식의 관계에서 그 어떤 것도 추스를 것이 없는 내 동생의 삶. 그나마 나에게 끄나풀 같은 정이 있었을 텐데 알아차리지 못한 내가 원망스러웠다.

현재 자살 예방 강사로 활동하고 있다. 될 수 있으면 동생 얘기를 하지 않으려고 한다. 그런데 요즘은 반에 한두 명은 '자살 사고'에서 '자살 시도'나 '자해 시도'를 하는 친구들이 있다. 그래서 나도 모르게 동생 얘기를 할 때도 있다. 20년이 지났지만 동생 얘기할 땐 눈에 눈물이 가득 차서 오히려 교육생들에게 미안하다고 한다. 그리고 당부한다. "자살자가 보내는 신호를 알아차리면 좋겠다."라고. 90% 이상이 신호를 보낸다고. 죽기 위해서가 아니라, 살기 위해서 "도와달라"라는 메시지라고.

자살 시도자가 보내는 신호에는 행동적, 언어적, 상징적 의사 표현이 있다.

첫째, 행동적 의사 표현, 수면제나 감기약 등 약을 모으거나 줄이나 칼 등 위험한 물건을 수집한다. 의미 있는 소유물을 나눠주거나 태우거나 버리는 등 정리한다. 자살 사이트나 엽기 사이트에 심취한다.

둘째, 언어적 의사 표현, 정말 죽고 싶어. 더 이상 지탱할 힘이 없어. 내 삶이 더 이상 무슨 의미가 있는지 모르겠어. 내가 짐이 되는 것 같아. 내가 죽으면 오히려 더 나을 거야. 다음 세계에서는 해결할 수 있을 거야 등 말이나 글, 낙서 등을 통해 표현한다.

셋째, 상징적 의사 표현, 조퇴나 지각, 결근 등 성적이나 회사, 집안일 등 일의 능력이 떨어진다. 평소와 다른 기분이나 행동 변화를 보이고 식사와 수면 상태 변화를 보인다. 지나치게 환상적이며 공상적인 책이나 영상물에 심취한다. 칭찬이나 포상을 거부하기도 한다. 성격의 심한 변화를 보이기도 하고 에너지가 없어 보이고 지쳐 보인다. 외모 관심이 없어지고 자살에 대해서 모험적, 심하면 로맨틱하게 생각한다. 실연이나 상실에 대해 지나치게 미화시키는 대중음악에 심취하기도 한다.

내 경험과 생각이 타인에게도 고스란히 적용될 거라 믿는 오만에, 나처럼 빠지지 않기를.

가깝다는 이유로, 그 사람을 다 안다고 착각하거나, 그 소중함을 당연히 여기고 있는지 돌아봐야 한다. 누군가 조용히 내민 작은 신호를 알아채지 못해, 평생 마음 한편에 지울 수 없는 한으로 남지 않기를. 사랑하는 이의 아픔 앞에 우리가 조금 더 깨어 있기를, 더 민감하고, 더 다정하기를 바란다.

5. 남은 자, 유가족의 아픔

질병이나 사고사로 세상을 떠나도 남은 사람에게 주어지는 고통은 심각하다. 그렇다면 자살 유가족은 어떨까? 죽음을 알리기가 두려워 숨기고 덮느라 많은 에너지를 쓴다. 애도조차 제대로 하지 못한다. 상실의 감정을 추스를 겨를도 없이 당면한 문제를 살다가 어떤 일이 계기가 되어 상담실을 내방 하는 경우가 있다. 아무한테도 이야기하지 못했던 것을 조심스럽게 털어놓기도 한다. 상담 주제와 관련 없이 시작된 경우에도 내담자의 애도가 필요한 경우를 맞닥뜨린다. 제때 적절한 애도를 하지 못해 문제가 생긴 사례가 많았다.

동생이 떠나면서 동생과의 추억을 소환해 본다. 초등학교 5학년 말, 큰외숙모 집으로 가면서 헤어졌으니 그때 동생은 1학년이었다. 헤어지고 나서 시골집에 가면 볼 수 있었다. 할머니가 연로해서 아버지와 새어머니가 시골에 왔다. 동생은 대학에 가서 법 전공을 하라는 엄마의 기대와는 달리 집에서 먼 상업계 고등학교에 입학했다. 동생의 그런 선택이 이해됐다. 아마도 집을 떠나고 싶었을 것이다. 애착이 없는 아버지와 새어머니와 사는 삶. 할머니마저 하늘의 부름을 받았다. 동생이 마음 붙일 대상이 사라졌다. 상고 졸업 후 정착하지 못하고 외항 어선을 탔다. 그 말을 들은 남편이 우리 집에 데리고 있자고 했다. 남편도 결혼 전 직장 관계로 혼자 생활한 적 있다. 혼자 생활하는 자유로움도 있지만, 그 안에 깃든 외로움까지 이해하는 배려 깊은 마음이다. 그래서 고마웠다. 하지만 한편으로는 걱정이 됐다. 지금도 음식을 잘하지 못한다. 음식을 못 하니까 친동생이라도 함께 사는 것이 부담스러웠다. 남편은 반찬을 잘하지 못하는 내게 한 번도 짜증을 부리거나 투정하지 않았다. 내심 미안한 부분이다. 하지만 동생은 한 치 건너라는 생각이 들었다. 동생이라도 너무 의젓해서 오빠 같은 느낌도 한몫했던 것 같다. 덜렁덜렁하는 나랑은 달리 깔끔하고 완벽 성향이었다. 살림이 부끄럽고 신경 쓰였다. 남편이 먼저 말을 한 것도 있고, 외항 어선을 탔다는 말에 신경 쓰여 함께 지내게 되었다. 마침 동생의 고등학교 성적이 좋았다. 상호 신용금고에 입사 지원해서 합격했다. 정말 기뻤다. 성실하고 착해서 직장에서도 인정받고 차도 사고 잘 살아가는 모습이 기특하고 대견했다.

함께 지낸 지 거의 2년이 되었을 때 동생이 분가하고 싶다고 했다. 회사와 거리도 있고 혼자 거주하는 것이 편할 것 같다고 했다. 그 말이 내심 반가웠다. 반찬도 그렇고 깔끔한 동생 방에 아직 어린 우리 애들이 들락거리는 것이 방해될 수도 있겠다는 생각에서다. 동생이 회사 근처로 분가했다. 외관상은 별로 좋지 않은 주택이었는데 깔끔하고 정갈하게 지냈다. 이제는 동생이 가정만 있으면 되겠다는 생각이 들었다. 지인 통해서 사람을 알아보고 소개했다. 자기 이상형이 아니라고 했다. 동생 회사 사람들도 있고 다른 사람도 찾아봐야겠다고 마음먹었다. 요즘은 키를 보는 사람이 많긴 하지만 동생은 키 외에는 누구보다 성실하고 착한 아이라서 크게 걱정하지 않았다. 동생이 죽기 전에도 가끔 우리 집을 방문할 때면 여전히 새벽기도를 다닌다고 했다. "누나보다 낫네, 내가 부끄럽다."라고 말하곤 했다. 나는 미약한 신앙이지만 상처로부터 회복되는 데 도움이 컸다. 동생도 그런 줄 알았다. 지금 생각해 보면 정말 무지한 일이다. 하필이면 그해 남편이 친구한테 사업비 명목으로 큰돈을 빌려주었다. 돈을 빌려 간 친구가 몽땅 사채업자에게 당했다는 소식을 들었다. 그 일로 몸과 마음이 지쳐있는 상태였다. 내가 지닌 고통으로 인해 동생의 아픔을 놓치지는 않았나 하는 생각이 들어 남편이 미웠다. 왜냐하면 동생이 사망한 후에 알고 보니 빚이 약 천만 원 있었기 때문이다. 누나 형편이 어려워져서 말도 못 하고 걱정돼서 그랬나. 별의별 생각이 다 들었다. 힘든 일이 한꺼번에 쓰나미처럼 밀려올 때가 있다. 동생이 우리 곁을 떠난 것은 큰돈을 잃어버린 것하곤 비교가 안 됐다. 자살 유가족으로 남겨진 자들에게 고통이 얼마나 큰지, 아픔을 가늠하지 못할 것이다.

　아들이 자살한 진호 어머니를 만났다. 집안 형편은 넉넉한 분이었다. "엄마인 제가 죄인입니다."라고 했다. 그 죄책감으로 인해 자신을 처벌할 방법을 찾아 힘든 일만 골라 했다. 남자 어른이 하기도 힘든 일을 여자 몸으로 하면서 먼저 간 자식한테 용서를 구하는 것이었다. 동생이 자살한 것도 이렇게 힘든데, 다 큰 아들이 자살한 이 어머니의 고통을 그 누가 짐작이나 하겠는가. 상담 회기마다 와서 눈물을 쏟아냈다. 내가 할 수 있는 말이 없고 무력감을 느꼈다. 당시에는 내 동생이 자살했다고 말하지 못했다. 마음은 함께 울고 있는데 그 말이 입 밖으로 나오질 않았다. 지금 생각하면 후회도 된다. 누군가 혼자 겪는 아픔이 아니라는 것을 알기만 해도 치료 효과가 있다는 것을 알고 있다. 그런데 입이 떨어지질 않았다. 다만, 그 어머니 손을 잡고 눈물만 훔쳤던 생각이 난다.

아들이 집에서 목을 매어 자살한 광경을 직접 목격한 진성 어머니는 그 광경이 눈에 그려져서 힘들고 악몽을 꾼다고 했다. 맏이가 그렇게 되고 하나 남은 자식도… 노심초사 두렵다는 것이다. 형제간에 우애가 있던 터라 더 두렵다는 것이다. 그 동생 입장은 나와 비슷한 처지이다. 상담이 끝나기 전, 꼭 한마디 위로를 전하고 싶었다. "저도 동생이 자살했습니다." 그래서 지금 상담사의 길을 가고 있다고 말했다. 그 어머니는 어려운 이야기를 해 줘서 고맙다고 오히려 나를 위로했다. 같은 방법으로 엄마가 집 화장실에서 자살한 광경을 목격한 초등학생 4학년 호영이는 상담실에서 모형 뱀으로 다른 동물의 목을 칭칭 감는 놀이를 번복한다. 남은 자의 아픔은….

친구가 자살한 내담자 미영 씨는 한동안 다니던 직장도 그만두었다. 공황장애가 왔다. 친구가 떠난 지 시간이 꽤 흘렀다. 친구 어머니와 통화를 하고 딸처럼 방문하기도 한다. 친구를 그렇게 보낸 아픔을 상상조차 하지 못할 것이라고 했다.

진수 씨는 이 세상에서 자기를 가장 잘 이해하는 친구가 자살하고 나서 어떻게 살아가야 할지 막막하다고 했다. 그 친구한테 너무 많이 의지했다는 것을 알게 되었다고 상담 내내 눈물을 흘렸다. 세상이 다 비어버린 느낌을 호소했다.

나도 예외는 아니다. 마치 죄인이 된 것 같고 웃으면 안 될 것 같았다. 삶을 제대로 사는 것도 한때는 죄 같았다. 마치 '주홍 글씨'처럼 평생 꼬리표를 달고 살았다. 쉬쉬하면서 들키기라도 하면 안 되는 것처럼. 스스로 죄인처럼 낙인을 찍고 자신을 용서하지 못하고 힘들게 했다. 그만큼 유가족은 자살 원인을 자기에게서 찾는 경향이 있다. 자동 반사적인 사고 루트가 생긴다. 자신을 죄인처럼 여기는 유가족에게 말하고 싶다.

"자살은 남아있는 자, 유가족 그 누구의 잘못도 아니라고."

먼저 떠난 그 사람들도 바라는 바일 것이다. 사랑하는 동생도 내가 이 일로 괴로워하며 자신을 탓하며 살기를 바라지 않을 것이기 때문이다.

혹시 이 순간에도 자살을 생각하는 사람이 있다면 말하고 싶다. "남겨진 자들의 아픔은 본인이 상상하는 것 이상으로, 가늠조차 하기 힘든 고통이다."라고. 그것은 평생을 안고 가야 하는 아픔이다. 그 아픔을 안다면, 부디 다시 한번 살아내기를 선택하길 바란다. '어둠은 아무리 깊어도 빛을 이길 수 없다.'라는 말처럼 어떤 고통도 끝나지 않는 것은 없다. 당신의 생은 누군가의 전부임을 잊지 않기를.

6. 나를 용서하고, 너를 용서하고

그대에게 잘못을 저지른 사람이 있거든, 그가 누구이든 그것을 잊어버리고 용서하라. 그때 그대는 용서한다는 행복을 알 것이다. 우리에게는 남을 책망할 수 있는 권리가 없다.

— 톨스토이

누군가는 용서에 대해 '인간이 할 수 있는 가장 위대한 일'이라고 말하기도 한다. 그만큼 어렵고 숭고하기까지 한 일이기 때문일 것이다. 성경에서 오죽하면 "일흔 번에 일곱 번이라도 용서하라"라고 말하겠는

가. 그만큼 쉽지 않기 때문에 용서하고 또 용서하라는 의미로 해석하는 목사님 설교에 고개를 끄덕이게 된다.

  남겨진 유가족들은 자신을 용서하지 못한다. 알아차리지도 못한 죄인으로 생각하거나 혹시나 자살 원인을 제공했나 싶어서이다. 쉬쉬하면서 사고사를 가장하고 살아가는 사람들도 있다. OECD 자살률 1위 국가이면서 주위에 자살 유가족은 없고 상담장에서나 드물게 만나는 이유이기도 하다. 나도 마찬가지이다. 무슨 자랑이라고 떠들면서 다니겠는가. 친한 친구들 외에는 모르는 사실이다. 이 책을 쓰면서 만방에 알리는 셈이 되었다. 그럼에도 이렇게 책을 쓰고 있는 것은 필요한 누구한테는 조금이라도 도움이 됐으면 하는 마음에서다.

  사고사로 성인이 된 딸을 잃은 한 어머니는 세상의 시선이 따갑게 느껴져서 비밀로 한다. 다른 사람들한테 딸이 살아있는 것처럼 얘기하고 다닌다. 그 어머니 잘못이 아닌데도 잘못인 것처럼 사람들을 피하거나 거짓말을 하는 것이다. 그러느라 얼마나 많은 에너지를 쓰겠는가. 일반적인 죽음이 아닌 자살로 남겨진 유가족들은 스스로 고통을 주거나 다른 사람들로부터 고통받는다.

  아들이 다섯 살 때 지인이랑 부평역 근처를 방문했다. 혼잡한 장소에서 아들을 잃어버렸다. 혹시 잘못되면 어떡하나. 난 살 수 있을까? 여기저기 헤매면서 은연중에 드는 생각이었다. 높은 계단을 오르내리면서 찾던 중, '못 찾으면 여기서 뛰어내려야 하나'라는 생각이 절로 들었다. 아들에 대한 걱정만큼이나 가족들이 신경 쓰였다. 자식의 죽음은 어떤 죽음을 막론하고 말로 표현할 수 없는 아픔이다. 주위의 편견이나 곱지 않은 시선으로 인해 유가족들은 더 괴로움을 호소하기도 한다.

젊은 나이에 사고사로 남편을 잃게 된 미순 씨도 "남편 잡아먹은 년"이라는 소리를 들었다. 주위의 따가운 시선이 무섭고 두려워서 자살을 결심했었다고 한다. 남편이 죽으면 그 남편을 따라 죽는 관습을 미덕이라고 여겨 열녀 상을 내리던 역사적 배경도 한몫했을 것이다. 그만큼 나이 들어서 맞는 죽음이 아닌, 사고사나 병사, 특히 자살로 인한 죽음은 여러 시선과 편견으로 인해 괴롭다. 그 누구의 잘못이 아님에도 말이다. 남의 일이라고 함부로 판단하면서 우리는 어쩌면 신의 영역을 탐하고 있지는 않는지 살펴볼 일이다.

동생이 죽고 난 후 심리상담사의 길을 가고 있다. 혹시라도 동생과 같은 사람이 있으면 미약하나마 도움이 되었으면 한다. 강사로도 활동하고 있다. 자살 예방 교육은 내겐 가장 의미 있는 교육이다. 남은 유가족으로서의 아픔이 현재 진행형이기 때문이다. 20년이 지나도 나를 아프게 하고, 눈에 눈물이 고이는 것은 어쩔 수 없는 사실이다. 몸에

난 상처는 시간이 지나면 자연스럽게 아물거나 약이나 치료를 통해서도 낫는다. 하지만 동생의 일은 좀처럼 아물지 않는다. 아니 아물기를 바라는 것이 욕심인지 모르겠다. 어쩌면 천국에 갈 때까지 계속될지도 모른다.

 제일 사랑하고 존경하는 할머니가 천국에 갔을 때는 이처럼 아프지 않았다. 30대에 기적적인 치유를 경험하고 70세를 넘겼다. 어쩌면 덤으로 살다가 고통이 없는 천국에 갔다고 믿기 때문일 것이다. 현재는 지옥행 생각으로부터 자유로운데도 불구하고 동생 생각만 해도 눈물이 나는 것은 미련 때문이다. 함께 이야기하고 나눌 수 없다는 데서 오는 미련과 아쉬움. 내 쪽에서 일방통행만 할 뿐, 소통이 안 된다는 답답함. 동생이 살아있더라면 한 존재로서 영향력을 미쳤을 텐데…. 그것을 볼 수도, 느낄 수도 없어서이다. 이 글을 쓰면서 오히려 여러 가지 마음이 일기도 하고 정리가 되는 경험을 한다. 이 또한 나의 삶의 감독관이 요구하는 것인지도 모르겠다. 동생의 일로 인해 품었던 미안함과 죄책감, 무지함으로부터 나를 용서하고자 한다. 동생에게 편지 형식으로 마음을 전한다.

사랑하는 동생아.

'있을 때 잘하라'라는 말이 내 말이 될 줄은 정말 몰랐어. 네가 떠난 뒤, 마치 시간이 멈춰버린 것 같았어. 곁에는 네 매형도 있고, 아버지도 계시고, 친척들도 있지만 나는 깊은 고립과 외로움을 느꼈었어. 지금도 느껴진다.

때론 숨 쉬는 것조차 한스럽고, 생각만 해도 눈시울이 붉어지는 나를… 너는 보고 있니? 이것이 현실이고, 이 또한 삶이라는 걸, 이제는 조금씩 담담하게 받아들이려고 해. 동생아, 너의 아픔을 몰라보고 무지했던 누나를… 용서해 줄래? 너라면 이렇게 말했겠지. "누나, 미안해. 나를 용서해 줘."

네가 유서에 남긴 그 말처럼 오히려 네가 미안하다고 했던 그 순간을 떠올려. 아무리 힘들어도 그렇게 떠나면 안 되는 거였어. 너 자신을 위해서도, 남아있는 가족을 위해서도 그래. 그래서 나는 네 마음을 수없이 헤아리고 또 헤아렸어. 얼마나 힘들었으면… 그 순간에도 엄마와 나를 생각했을 거라는 걸 알아. 남겨진 자들의 마음도 짐작했겠지.

하지만 동생아,

네가 생각했던 것보다 우리가 느끼는 아픔은 훨씬 깊고 오래가. 엄마도, 나도 그래. 그러니 우리, 서로 용서하자. 나도 너를 용서하고, 너도 나를 용서하고, 그리고 네가 가족들을 용서해 주길 바라. 언젠가 나도 생을 다 마치고 천국에서 너를 만날 때, 서로 기쁜 마음으로 만나자.

그때까지 나는 내게 주어진 삶을 다할 거야. 너처럼 마음 아픈 사람들을 만나 상담하고, 강의도 할 거야. 누나의 말이 누군가에겐 위로가 되고, 희망의 끈이 될 수 있도록 네가 곁에서 도와줘. 감사함으로 그 일을 잘 감당할게.

사랑하는 내 동생.
그럼 너는 천국에서, 나는 이 땅에서
늘 기쁨과 감사로 충만하기를.

―하나밖에 없는 네 누나가

용서는 남을 위한 행위가 아니다. 상처와 고통 속에 갇힌 나 자신을 그 자리에서 풀어주는 일이다.

동생의 죽음 앞에서, 나는 오랫동안 '용서'라는 말을 꺼내지 못했다. 그 단어는 내게 너무 무겁고 잔인하게 느껴졌다. '왜 알아채지 못했어'라는 자책 속에, 누군가 용서를 말하면 도리어 화가 났다. 하지만 시간이 흐르며 조금씩 깨닫게 되었다. 용서는 '잊자'라는 말이 아니라, '살자'라는 다짐이라는 것을.

그래서 이제야 말할 수 있다.

나를 용서하고,

너를 용서하고,

그리고 이 삶을… 용서하고 싶다고.

7. 짧은 동생의 삶

　엄마는 원치 않는 동생을 임신했다. 이미 집에서 나올 결심을 한 엄마는 임신을 환영할 처지가 아니었다. 살아보려고 애를 써도 아버지의 외도와 도박, 경제난에 허덕이고 지쳐갔기 때문이다. 그러저러한 이유로, 엄마는 나와 두 살 젖먹이 남동생을 남겨둔 채 새벽녘 집을 떠났다. 아직 엄마 품이 필요한 동생에게 그 빈자리는 얼마나 컸을까. 다만, 할머니와 할아버지, 그리고 증조할머니가 그 곁을 지켜주었다. 어린 동생 손을 잡고 마을을 걸어 다니면 "쯧쯧. 어미도 아비도 없어서…." 콧물 찔찔 흘리는 동생과 초라한 행색의 나를 보고 동네 어른들이 말했다. 어미 아비도 없는 불쌍한 존재가 되었다. 물론 안타까움에 절로 나온 말이었을 것이다. 말, 참 쉽지만 한 번쯤 상대방의 입장을 고려하면 좋겠다.

어린 동생은 번잡스럽게 행동했다. 나한테 돌멩이를 던지면서 난폭하게 굴었다. 함께 재미있게 놀았던 기억은 별로 없다. 어느 날 엄마가 시골집에 나타났다. 집을 나가고 난 후 거의 5년 만이었다. 엄마지만 낯설었다. 두 살 때 엄마가 집을 나간 동생은 오죽했을까 싶다. 갑자기 나타난 엄마는 인사도 없이 잔소리만 늘어놓았다. 공부는 안 하고 나물이나 캐고 다슬기나 잡는 내 생활이 마음에 들지 않았던 모양이다. 중학교를 중퇴한 엄마는 늘 공부에 대한 미련이 있었다. 엄마가 방문한 지 며칠 만에, 나는 전라도 광주에 있는 큰 외숙모 집으로 보내졌다. 시골에서 도시로 가게 된 것이다. 그렇게 해서 동생과 할머니와 헤어졌다.

엄마는 일해야 한다는 이유를 대며 다시 서울로 갔다. 내가 없는 고향 집에서 동생은 할머니, 할아버지, 증조할머니와 살았다. 난 그 시절이 그리웠다. 할아버지 소천 후, 아버지가 새엄마랑 시골로 오게 됐다. 오래간만에 만난 동생은 어릴 적 과격했던 모습은 보이지 않았다.

순한 양 같은 '애 어른'이 돼 있었다. 오히려 그런 모습이 신경 쓰였다. 차라리 할 말도 하고 화도 냈더라면 좋았을 텐데. 착한 동생은 한 번도 나한테 남의 흉을 본 적이 없다. 다만, 어쩌다 던지는 혼잣말에서 그동안의 고됨이 느껴졌다. 동생은 아픔을 가슴에 묻었던 것 같다.

  동생은 경제적으로 힘들다는 이유로 집에서 먼 상업계 고등학교에 갔다. 엄마는 서울에서 가정부 일을 하고 있었다. 동생이 공부를 잘하고 크게 될 것이라고 기대했다. 동생을 가졌을 때 용이 나오는 태몽을 꿨기 때문이다. 동생이 인문계 고교에 가길 원했다. 하지만 동생은 집에서 먼 상고를 선택했다. 난 중학교 3학년이 되면서 서울에서 가정부로 일하는 엄마한테 온 이후로 동생을 만날 기회는 거의 없었다. 소식으로만 들었다. 남의 집이라서 동생이 오고 싶어도 올 수 없는 형편이었다. 동생은 어디에도 마음 붙일 곳이 없었을 것 같다. 동생이 흘리듯 말한 적 있다. 세 명의 이복동생과는 먹는 밥이 달랐다고 했다. 자세하게 얘기해 보라는 말에 입을 닫았다. 마치 그러면 안 된다는 듯 더는 말하지 않았다.

  내가 결혼하면서부터는 동생과 더 자주 연락했다. 남편 제안으로 함께 살게 되었다. 동생이 직장을 갖게 되면서 모든 게 순조로워 보였다. 나중에 고모가 된다는 마음에 설레기까지 했다. 그 꿈을 이루지 못할 것이라고는 짐작도 하지 못했다. 의젓한 동생을 많이 의지했다. 내게 힘이 됐다.

    동생이 죽기 전, 엄마가 우리랑 살고 싶다고 했다. 동생이 돈을 벌게 되니 일할 목적이 사라진 것이다. 실패한 결혼 생활에도 나를 키운다고 애쓴 분이다. 그래서 나는 엄마를 내가 책임져야 한다고 생각하고 있었다. 그럼에도 함께 살 생각을 하니 끔찍했다. 엄마는 강박과 불안이 높아서 함께 사는 것이 힘들게만 느껴졌다. 엄마가 평범한 결혼 생활을 했었다면 절대 함께 살지 않았을 것이다. 나를 어렵게 키운 것을 눈으로 보고 경험했기에 그렇게 하자고 마음먹었다. 나보다 동생과는 더 맞지 않는다고 생각했다. 우리 식구들은 명절에 시댁을 방문하게 되고 동생이 엄마랑 우리 집에서 함께 지내곤 했다. 한 번은 그 착한 동생이 엄마에게 달려들었다고 했다. 얼마나 동생을 달달 볶아댔을지 짐작 갔다. 동생에 대한 기대가 컸던 엄마는 돈을 빨리 모으라고 계속 잔소리를 해댔다. 계속되는 잔소리에 동생은 견디지 못했을 것이다. 오죽하면 엄마한테 달려들었을까. 한 번도 남에게 해코지한 적 없던 동생이다. 엄마는 한 번 발동이 걸리면 종일 같은 소리로 끝을 보는 강박 성향이 있다. 어엿한 사회인으로 살아가고 있는 모습이 대견스러운데 엄마 눈에는 당연하게만 여겨진 것이다. 마음에 들지 않은 부분만 보고 추궁하듯이 끊임없이 얘기한다. 물론 아들이 잘되라고 한 말이다. 틀린 말도 아니다. 근데 한두 번으로 끝나지 않는다. 잘하는 것은 한마디 말도 없다. 잘못한 것만 들추듯이 계속.

남편으로서 아버지로서 어떤 역할도 하지 않은 아버지가 말한 적 있다. "네 엄마랑 살 사람은 아무도 없어."라는 말에 막내 이모를 비롯해 외갓집 식구들이 인정한다. 동생의 상처를 알아채고 따뜻하게 품어냈다면 어땠을까? 힘든 환경에서 살아내는 것만으로도 고마운 것을.

보도블록 사이에 삐죽 잎을 내밀고 꽃을 피우는 민들레도 최선을 다한다. 생명이기에 그 자리에서 불평하지 않고 꽃을 피워 세상에 선물한다. 우리네 삶도 마찬가지다. 옥토에 떨어진 씨앗도 있지만 자갈밭에 떨어진 씨앗도 있듯이 인생도 다양하다. 각각의 환경에서 애쓰는 모습을 알아주고 인정해 주자. 더 성장하고자 하는 욕구도, 그 시기도 그 사람이 정할 수 있도록 때로는 기다림이 필요하다. 부모라도 강요할 수 없다. 부모이기에 더 인내하고 기다려야 한다.

아이들을 데리고 태국에 여행 갔을 때, 가이드가 누에농장에 데리고 갔다. 아직 나비가 되기 전, 누에고치를 면도칼로 잘랐다. 그러면서 하는 말이 "이렇게 잘라주면 나비로 비행하지 못합니다." 맞다. 힘들다고 대신할 수 없다. 옆에서 할 수 있도록 기다리고 격려할 수는 있다. 결국엔 자신이 해내야 하는 일이다.

고기도 먹어본 사람이 맛을 잘 알고 사랑도 받아본 사람이 사랑할 줄 안다는 말이 있다. 엄마도 그렇게 보면 피해자다. 엄마는 6남매의 맏이로 태어났다. 엄마가 중학교 때 외할머니가 암으로 세상을 떠났다. 외할머니를 잃은 엄마는 밥과 새참을 해서 일터에 나르고 식구들 옷을 빨았다. 외할아버지는 어린 딸인 엄마를 잘 돌보지 못했다. 힘들게 살다가 결혼했다. 하지만 남편은 도박 중독자였다. 엄마는 책임감에 나를 길렀다. 나도 책임감에 엄마랑 함께 살기로 했다. 책임감 안에도 사랑이 있다. 그런데 사랑이 고프다. 표현한다고 돈이 드는 것도 아닌데 말이 힘들다. "엄마, 사랑합니다." 연습해야 한다. 표현도 습관이 된다. 가장 중요한 것을 놓치지 않기를. 동생이 엄마와 나로부터 끊임없이 "사랑한다.", "네가 자랑스럽다."라는 말을 들었더라면….

2장

존재의 시작, 유년 시절의 추억

동생이 자살하면서 삶에 대한 여러 근원적인 질문들이 올라왔다. 동생이 자살을 선택한 이유가 궁금했다. 알고 싶었다. 동생이 자살을 결심한 데는 반드시 이유가 있을 것 같았다. 그 이유를 알면 동생과 같은 사람들한테 도움이 될지도 모른다. 질문에 질문을 거듭한 결과, 이 세상에 한 존재로 오면서 어떠한 대접을 받게 되었는지부터 시작하게 됐다. 어디서부터 잘못되었을까? 인간 발달단계를 짚어보기로 했다.

길을 걷다 보면 평소엔 눈에 잘 띄지 않는 맨홀이 있다. 겉으로는 단순한 뚜껑 같지만, 그 아래에는 도시를 지탱하는 중요한 시설들이 숨어 있다. 그러나 이 뚜껑이 열려 있다면 큰 사고로 이어질 수도 있다. 발달단계 또한 이와 비슷하다. 겉으론 사소해 보이지만 사실은 삶의 기반이 되는 중요한 시기들이 있다. 만약 그 시기를 놓치거나 지켜내지 못하면 '열린 맨홀'처럼 위기가 될 수 있다. 이번 글에서는 발달단계 속 이런 위험 요소들을 살펴보고, 우리가 어떻게 대비할 수 있을지 경험과 생각, 그리고 참고할 만한 자료를 통해 함께 나누고자 한다.

1. 세상은 나를 어떻게 맞이했을까?

"임신입니다."라는 소식이 청천벽력과 같았다. 결혼을 원하지 않았는데 임신이 되면서 어쩔 수 없이 결혼했다. 남편도 아이가 생겨 어쩔 수 없이 결혼한 것 같다. 결혼 생활이 너무 힘들다. 아이 때문에 마지못해 살고 있다. 아이도 실수로 생겼고 원치 않은 결혼도 아이가 원인인 것 같아 온전하게 봐지지가 않는다. 내담자 순자 씨 이야기다.

선생님 저 어떡하면 좋지요? 부모님은 모르는데 임신했어요. 남자 친구한테도 이야기하지 못했어요. 너무 무섭고 두려워요. 홍보 차 대학에서 1일 상담했을 때 만난 대학생 이야기이다. 남자 친구가 임신했다는 소식을 듣고 '유학'이라는 핑계로 떠났다고 한 사람도 있다.

내담자 영수 씨는 상담 중에 임신했다는 소식을 전하면서도 도무지 기뻐하는 기색이 없다. 첫아이고 꽤 괜찮은 직장에 다니는데도 책임감부터 느껴진다는 것이다. 결혼에 대해서 어떻게 생각하는지, 특히 임신 소식에도 시큰둥한 남편으로 인해 자신도 아기를 잘 가졌는지 모르겠다는 여자 내담자도 있다.

한 생명이 엄마 뱃속에 착상될 때 환대받는 것만은 아니다. 누구한테는 무섭고 두려운 존재로 엄마 뱃속에 착상된다. 환대받고 태어났든지, 계획하지 않았는데 태어났든지, 아니면 당하면 안 될 일을 당하고 태어났든지. 아마 이 중 한 가지일 것이다.

나는 계획하지 않았는데 어쩌다 생겼다. 아버지는 결혼하기 전에 이미 도박에 중독됐다. '부락'이라 불리는 시골에서 위로 누나가 있고 아버지는 동생으로 태어났다. 농촌 생활은 농번기와 농한기로 크게 나눌 수 있다. 농한기 때 화투를 많이 했다. 아마도 어린 나이부터 화투 맛을 알았던 것 같다. 할머니, 할아버지는 '결혼하면 정신 차리겠지'라고 생각했다. 그때부터 며느리가 될 사람을 찾았다. 우연한 소개로 외할아버지를 먼저 만나게 되었다. 당시 할아버지는 경제적으로 어려워 초가집에 살고 있었다. 차마 이 사실을 말하지 못해서 친척 집이었던 기와집을 할아버지 집이라고 속이고 결혼 약속을 받아냈다. 엄마는 아빠 얼굴도 모른 채 시집을 왔다. 이렇게 시작된 결혼식 첫날밤에 아버지는 결혼 패물을 몽땅 도박자금으로 날려버렸다. 드라마 소재로도 쉽지 않은 일이다. 결혼 첫날밤의 로맨스는커녕 신랑은 들어오지도 않았다. 결혼식 다음 날 도박으로 패물을 탕진한 사실을 알았을 때, 엄마 마음을 어떻게 설명할 수 있겠는가.

결혼 전, 삶이 힘들었던 엄마는 결혼이 탈출구가 될 줄 알았는데 빠져나올 수 없는 덫이었다. 외할머니는 엄마가 중학 시절 암으로 세상을 떠났다. 6남매 맏이인 엄마는 학교를 그만두고 외할머니 대신 부엌일과 농사일을 겸했다. 엄마는 지금도 농사일이라면 진절머리 난다면서 텃밭이라도 해 보자는 내 말을 단칼에 거절한다. 그만큼 농사일에 대한 상처가 깊다. 아버지가 도박 중독자인 것을 알고 친정으로 돌아가고 싶었다고 한다. 나라도 그랬을 것이다. 하지만 엄마는 그러지 못했다. 맏이가 시집가서 잘 살지 못하고 돌아오면 다섯 명의 동생들한테 본이 안 된다는 생각에서다. 그러기엔 외할아버지가 너무 무서웠다고 했다. 아버지의 도박은 계속되고 시부모님, 시할머니가 있는 집의 살림을 도맡았다. 낮에는 농사일로 바빴고 밤에는 집마다 다니면서 옷장사를 하느라 쉴 틈이 없었다.

생활력 강한 엄마는 어떻게든 살아보려고 애를 썼다. 그러다가 내가 엄마 뱃속에 착상된 것이다. 엄마한테 물어보면 이렇게 대답한다. "엄마 나 임신했을 때 어땠어. 그래도 첫애니까 기뻤을 것 같은데?" 예상과는 다르게 딱 잘라 말한다. 너 같으면 기뻤겠니. 아무것도 없는 집에 시가 식구, 남편이라는 사람은 밤낮 빚을 내 노름이나 하는데, 너 같으면… 말을 잇지 못한다. 임신인데 먹을거리가 없어서 미음에 간장을 반찬 삼아 먹었다고 한다. 엄마 뱃속을 빌어 이 땅에 태어난 나의 착상 스토리는 지금 생각해도 슬프다. 그렇게 나는 준비되지 않은 채, 환영받지 못한 자로 엄마 뱃속에 들어섰다.

그렇다면 나는 첫 아이를 낳기 전에 어땠었는지 돌아보았다. 결혼 후 몸이 약해서 임신이 되지 않을까 걱정이 앞섰다. 몸을 나름대로 관리하고 마음도 예쁘게 먹으려고 노력했다. 아이를 주시기를 기도하고 기다렸다. 5개월 만에 임신이라는 소식을 들었을 때 얼마나 기뻤는지 모른다. 신께 "감사합니다."를 연발했던 기억이 있다. 그만큼 우리 딸은 환영받는 아이로 뱃속에 생겼다. "세상 전부를 다 가진 것 같아!"라는 말이 저절로 나왔다. 남편은 물론 시부모님, 엄마, 친구 등 주위의 축하 메시지를 받았다. 마치 내가 아주 중요하고 큰일을 한 것처럼 의기양양하기까지 했으니 말이다. 임신하면서 누릴 수 있는 호사는 다

누렸던 생각이 난다. 제철에 없는 과일과 음식을 사달라고 하면 어떻게든 구해다 주는 남편에게 지금도 고맙다. 막상 아이를 낳고 길러보니 여간 힘든 게 아니었다. 아빠를 너무나 쏙 빼닮은 딸, 얼마나 부산한지 잠시도 가만히 있질 않고 눈만 뜨면 집 밖으로 안고 나가야 했다. 아이를 낳고 키우는 것처럼 위대한 일은 없다는 것을 낳아서 길러본 사람은 알 것이다. 힘들다는 이유로 둘째는 원하지 않았다. 한 명이라도 잘 키워야겠다고 생각했다. 그런데 정말 실수로 아들이 생겼다. 지금도 생각하면 미안하다. 바로 원하지 않은 아이, 실수로 생긴 아이가 되었기 때문이다. 더 정확하게 표현하면 어쩌다가 생긴 아이가 된 것이다. 지금은 성인이 된 아들에게 정식으로 사과했다. 임신 소식이 알려지면서부터는 정말 회개하고 기도했다. 생명은 선물이다. 선물로 준 아이라고 믿고 기도하며 기대했다.

이 땅에 오면서 누구든 환영받고 싶어 할 것이다. 하지만 피치 못할 사정으로 인해 환영받지 못하고 엄마 뱃속에 착상되는 경우도 무시할 수 없는 현실이다. 환영받지 못한 환경 가운데서도 훌륭한 인물로 성장한 사람들이 많이 있다. 심지어는 원하지 않는 관계에서 폭력적으로 생긴 아이들도 있다. 삶의 감독관에게 왜 이런 일이 일어났냐고 외칠 만한 일도 일어난다. 누군가 결혼을 생각 중이거나 임신을 할 계획이라면 아이를 환영하기 위한 최소한의 준비라도 했으면 한다. 그중 하나가 예비 부부학교 수업을 받거나 예비부부 상담을 받는 것이다. 세상 무엇과도 바꿀 수 없는 이 일에 무심하지 않기를 바란다.

누군가의 잔치에 초대받은 적이 있을 것이다. 잔치에 초대받아 갔는데 막상 도착해 보니 초대했던 사람은 물론이고 초대받은 사람 중 누구도 관심을 주지 않는다면 상당히 난처할 것이다. 이 세상에 한 생명으로 오는 것은 말로 표현할 수 없는 축복이며, 존재 자체가 하나의 잔치다. 지금 글을 읽는 당신이 주인공이라면 어떤 환영을 받고 싶겠는가? 선물처럼 이 땅에 오는 모든 아이가 "Happy Birthday to you."라는 환영의 노래와 함께 생명의 첫걸음을 내디딜 수 있기를.

2. 유산의 교훈

태중의 아기는 무조건적이다. 아직 말도 못 하고, 세상과 접촉해 본 적도 없지만, 온전히 엄마에게 기대 살아간다. 탯줄이라는 생명의 끈을 통해 엄마로부터 모든 것을 공급받는다. 숨도, 영양도, 정서도. 마치 한 몸처럼 연결되어 있는 그 작은 존재는 이 세상에 가장 연약한 모습으로 찾아온다. 그래서일까. 태아는 '받기만 하는 존재'이지만, 어쩌면 '가장 많은 것을 주고 가는 존재'이기도 하다.

엄마가 먹는 음식, 마시는 물, 숨 쉬는 공기, 느끼는 감정 모두가 태아에게 영향을 미친다는 사실은 이미 많은 연구와 경험을 통해 잘 알려져 있다. 엄마가 기쁘면 아기도 미소 짓고, 엄마가 우울하면 아기도 움츠린다. 생리적이든 심리적이든, 태아는 엄마를 통해 세상을 경험한다. 태교는 단지 좋은 음악을 들려주고, 좋은 음식을 먹는 것 이상의 일이다. 그것은 한 생명을 기꺼이 맞이하기 위한 헌신이고 준비다.

하지만 이토록 마음을 다해 기다렸음에도 어떤 생명은 세상에 오기 전에, 혹은 오는 도중에 조용히 이별을 고한다. 너무도 가슴 아픈 일이다. 기대가 클수록 상실의 고통도 깊다. 오매불망 바라던 임신 소식은 비단 엄마, 아빠만의 기쁨이 아니다. 조심스럽게 전한 소식에 함께 눈물짓고 웃어주는 가족, 친구, 동료들까지도 그 생명의 존재를 함께 축복한다. 그렇기에 갑작스런 이별은 모두에게 큰 슬픔이 된다.

착상의 순간은 말 그대로 기적이다. 셀 수 없는 조건과 가능성이 맞아떨어져야만 한 생명이 잉태된다. 그런데도 가끔, 그 생명은 잠시 머무르다 떠난다. 그 이유를 누구도 정확히 알 수 없다. 아무리 건강관리를 잘했다 해도, 아무리 기도하고 기대했다 해도, 이별은 때때로 예고 없이 찾아온다. 어쩌면 그 아이는 뱃속의 경험만으로 삶을 다했다고 느낀 것일지도 모른다. 그 마음이 어떠했는지, 왜 떠났는지. 그것은 인간의 지혜로는 다 헤아릴 수 없다. 오직 신만이 아실 일이다.

그러나 남겨진 사람들의 아픔은 너무도 분명하다. "제가 잘못한 게 아닐까요?"라고 묻는 여성의 떨리는 목소리를 상담장에서 많이 들어야 했다. "그날 무리해서 그런 걸까요. 스트레스를 많이 받아서 그런 걸까요. 제가 아기를 품기엔 부족한 사람인가요?" 죄책감은 조용히, 그러나 무겁게 가슴을 짓누른다. 이미 이름을 지어 불러주고, 매일 대화를 나누고, 미래를 그렸던 시간이 헛되게 느껴지기도 한다. 물리적인 탯줄은 끊어졌지만, 심리적인 탯줄은 오히려 더 깊이 파고든다.

 상담을 통해 만난 수현 씨는 깊은 물웅덩이를 그려서 자신의 마음을 표현했다. 끝이 보이지 않는 검고 조용한 물 속. 그녀는 울음을 멈추지 못했다. 태명을 부르며 목 놓아 말했다. "더 잘해주지 못해서 미안해." 잘 쉬지도 못하고, 업무에 치여 살아온 자신을 탓했다. 그러나 상담을 이어가며 그녀는 조금씩 마음을 회복해 갔다. 짧은 시간이었지만 자신에게 찾아와 생명의 경이로움을 가르쳐 준 아이에게 감사한다고 말했다. "그 아이가 아니었다면, 나는 나 자신을 이렇게 들여다볼 일도 없었을 거예요." 그녀는 울면서, 그러나 분명한 목소리로 아이에게 작별 인사를 건넸다. "잘 가. 그리고 고마워."

 또 다른 여성, 예린 씨는 임신 8주 만에 유산을 경험했다. 바쁘게 일하면서도 아이와의 미래를 그려가던 중이었다. 첫아기였고, 설렘으로 가득했다. 그런데 어느 날 갑자기 찾아온 출혈. 병원에서는 아무 느낌도 없이 "유산입니다."라고 말했다. 하늘이 무너졌다. 침대에 누운 채,

아무것도 할 수 없었다. 자신이 얼마나 작고 무력하게 느껴졌는지, 그녀는 눈물로 이야기했다. 그때 남편이 그녀의 손을 조용히 잡고 말했다. "우리 아기가 잠깐 왔다가 사랑이 어떤 건지 알려주고 간 것 같아." 그녀는 그 말을 듣고서야 눈물 속에 고개를 끄덕일 수 있었다. 아기는 아픔만 남긴 것이 아니었다. 사랑, 책임감, 생명의 신비… 그 모든 것을 짧은 시간 안에 안겨주었다.

소영 씨의 이야기도 잊을 수 없다. 그녀는 둘째를 임신한 지 11주 만에 유산을 경험했다. 첫째 아이를 돌보며 정신없이 살아가던 중, 몸의 이상 신호를 무시하고 지나친 하루였다. "그날만 좀 더 조심했더라면…." 소영 씨는 자신을 책망했다. 주변의 위로에도 귀를 닫았고, 아기의 이름조차 부르지 않았다. 그 아픔을 감추고 견디려 했지만, 결국 한 모임에서 조심스럽게 이야기를 꺼내며 눈물을 터뜨렸다. "내가 나를 용서하지 못했어요." 그제야 다른 한 명도 유산을 경험했음을 털어놓았다. 그날, 그녀는 처음으로 말할 수 있었다. 그리고 울 수 있었다. 누군가와 함께 애도할 때, 마음은 비로소 무너지지 않는다.

이별은 깊은 고통이지만, 그 아이들이 우리에게 남기고 간 것은 단지 상실만이 아니다. 우리는 그들을 통해 알게 된다. 우리가 누군가를 얼마나 진심으로 기다릴 수 있는 존재인지. 조건 없이 사랑할 수 있는 존재인지. 그 작고 여린 생명이 우리 마음에 얼마나 큰 파동을 일으킬 수 있는지를.

생명의 신비는 살아남은 자들에게 교훈을 남긴다. 그 교훈은 하나의 메시지로 남는다.
"태아의 생명은 선택의 영역이 아니다."
그렇기에 우리는 묻지 않을 수 없다. 왜 어떤 생명은 품 안에서 애도되며 소중히 기억되고, 어떤 생명은 태어나기도 전에 거부당하는가? 왜 어떤 생명은 '기적'이라 불리고, 다른 생명은 '선택'이라는 이름으로 지워지는가? 유산이라는 경험은 단지 육체적인 손실이 아니다. 그것은 마음과 영혼이 함께 겪는 상실이며, 동시에 가장 근원적인 사랑을 다시 묻는 순간이다.

고등학생 대상 성교육강의 중, 한 여학생이 묻는다. "낙태는 성적자기결정권 아닌가요?" 이 질문 앞에서 잠시 멈추어 생각한다. 낙태라는 말에 대해 무게를 느끼지 않는다. 자신의 선택이 더 중요하다고 느끼는 듯했다. 우리나라는 생명을 단지 개인의 선택으로만 보지 않는다. "단지 내가 원하지 않는다는 이유만으로, 한 생명을 끝낼 수는 없다." 자기 결정권은 중요한 권리지만, 그 결정이 '또 하나의 생명'을 없애는 것이라면 신중해야 한다. 법도 생명에 대해 그렇게 말하고 있다. 모자

보건법 14조에 따르면 본인이나 배우자가 유전학적 정신장애나 신체 질환이 있는 경우, 본인이나 배우자가 전염성 질환이 있는 경우, 강간 또는 준강간에 의해 임신이 된 경우, 법률상 혼인할 수 없는 혈족 또는 인척간에 임신이 된 경우, 임신의 지속이 모체의 건강을 심각하게 해치고 있거나 해칠 우려가 있는 경우에만 임신중절이 허용된다.

 아이들은 우리에게 말없이 가르쳐 준다. 사랑은 얼마나 무조건적인지. 생명은 얼마나 신비롭고 경이로운지. 그리고 떠나간 생명을 기억하며, 남겨진 우리가 어떻게 살아야 하는지를.

 우리는 여전히 해야 할 일이 있다. 그 아이가 주고 간 감동과 황홀을 간직하는 것. 애도 속에서도 자신을 돌보며 살아가는 것. 그 생명을 기억하며 더 나은 오늘을 살아가는 것.

 아이는 떠났지만, 사랑은 남는다. 우리는 그 사랑으로 살아간다. 그리고 그 사랑을 통해, 더 많은 생명을 존중하고 아끼는 사람이 되어간다.

3. 탯줄로 쓴 작별

제29차 세계 태아학회에서 뉴올리언스의 제이슨 콜린스 산부인과 박사 연구팀과 연이 산부인과 김창규, 박창순 원장 팀이 발표했다. 임신 20주 이후 산모 우울증이 태아 우울증으로 연계, 태아자살, 탯줄 사고가 사산의 원인이다. 이 사고들은 고혈압, 당뇨병이 없는 정상 임신부 천 명 가운데 네 명꼴로 임신 5개월 이후 별다른 이유 없이 오전 12~4시 사이에 일어났다고 했다. 임신부가 잠들었을 때 혈압이 떨어지고 혈액 등 제대로 영양분이 전달되지 않는다. 저혈당이나 저 산소 상태에 놓인 태아가 정신적인 불안을 느껴 스스로 탯줄을 목에 감는 것으로 추론된다고 말했다. 김창규

> 원장은 산모는 반드시 남편과 함께 잠을 자서 자연스러운 남편의 손, 발이 산모를 새벽 2~4시에 깨워 태아 자살을 예방해야만 한다고 제시했다.
>
> — 서울신문(2013.08.26.)

태아 자살은 우리에게 큰 충격을 안겨 준다. 아직 세상을 경험하지 못한 태아에게는 엄마 뱃속이 전부다. 생존에 필요한 영양분이 제대로 공급되지 않을 때 불안을 경험한다. 물리적인 공급만이 아니라 엄마의 깊은 우울감에 영향을 받아 태아 우울로 이어지고 심지어는 생명줄인 탯줄로 자살한다는 것이나. 그만큼 산모의 신체 상태와 정신 상태는 중요한 요인임을 잊어서는 안 되겠다. 아직 미완성인 태아도 하나의 인격체임을 간과할 수가 없다.

결혼이 전반적으로 늦어져서인지 임신도 힘들고, 시험관 아기도 늘어난 것을 실감한다. 초등학교 강의를 가면 한 반에 쌍둥이를 가끔 본다. 우리 아파트에도 쌍둥이들이 눈에 띈다. 건강보험심사평가원 통계 자료에 의하면 2017년 약 20만 명이었던 난임 환자가 2021년에는 25만 명 정도로 약 20% 증가했다고 한다. 어렵게 임신에 성공했는데 유산하는 경우도 더 접하게 된다. 국민건강보험공단에 의하면 2013년 27.3%에서 2022년 33.8%로 증가했다. 임신부 적어도 네 명 중 한 명은 유산을 경험한다는 것이다.

　직장 일로 인한 스트레스와 가사 일 등 혼자 감당하기엔 힘든 시대를 살고 있다. 집안일을 네 일, 내 일 따지지 않고 함께 하는 남성들이 점점 많아지고 있는 것은 사실이다. 당연히 함께해야 할 일이라고 말하고 싶다. 진부한 이야기 같지만 '백지장도 맞들면 낫다'라는 속담이 있듯이 함께 할 때 애착도 더 생긴다. 아빠가 주 양육자가 되어 돌보는 경우 자녀와의 관계가 더 돈독해지는 것을 보면 키우는 정을 무시할 수 없다. 임신, 소중한 생명에 대한 경외감과 몸과 마음의 준비는 되었는지 살펴볼 일이다.

　개인적으로 탯줄 하면 생각난다. "너는 손금의 생명선은 짧은데 탯줄이 길어서 다행이다. 내가 네 태몽을 금반지 꿈을 꾸었거든. 금은 오랫동안 변하지 않고 지속되어서 아마도 오래 살 거야."라고 할머니가 말했다. 내심 생명선이 짧아서 걱정했던 것 같다. 기억도 없는 나의 탯줄이 길었다는 이야기이다. 집에서 태어났으니 직접 나를 받고 탯줄을 잘라주었다. 그 탯줄은 어떻게 했는지 모르겠다. 우리 아이들 탯줄은 병원에서 끝머리를 받아 보관하다가 이사하면서 버렸다. 처음 받았을 때 신기하기도 하고 솔직한 얘기로는 징그럽기도 했다. 아이들에 관한 것을 보관하다가 이사를 하면서 하나둘씩 버렸다. 지금 생각하면 보관해 두었다가 결혼할 때 주면 좋았을 텐데 하는 미련이 남는다. 다 커서 직장으로 인해 우리랑 떨어져서 살고 있지만 심리적인 탯줄로 이어져 있다.

코로나 전 서유럽에 패키지여행을 다녀왔다. 고대의 다양한 양식들의 건축물, 특히 성당은 참 매혹적이었다. 성당에 다닌 분들이 말했다. 평생의 소원, 성지 순례라 감사하다고. 그중 탯줄 하면 연상되는 장면이 있다. 바로 바티칸시티의 시스티나 성당에 있는 미켈란젤로의 '천지창조'다. 자궁이 안전하게 느껴지는 것은 탯줄로 연결되어 영양분과 정서적 공급을 받기 때문일 것이다. 자궁에서 나와 생판 모르는 세상에 던져진 우리, 그림을 보면서 마치 보이지 않는 탯줄이 연상됐다. 나를 안전하게 하는 그분을 아담이 대표하여 보여주는 것처럼 느껴졌다. 인간이라는 존재는 물리적인 충족으로만 살 수 없으며 신과 인간과의 교제를 통해 성장하고 발전해 갈 수 있음을 알 수 있다.

태어났을 때 부모에게 환영받지 못한 나는, 엄마 뱃속에서는 어땠을까 질문한다. 삶에 찌든 엄마는 태중에 있는 아기가 위로되었을까? 첫 아이인 나도 환영할 처지가 아니었는데 둘째가 유산되고 세 번째로 생긴 내 동생은 어땠을지 짐작 간다. 상담을 공부하며 최면을 배울 때,

태아기 체험을 해볼 기회가 있었다. 하지만 결국 하지 않았다. 하지 않아도 어떤 느낌일지 짐작할 수 있었고, 솔직히 들키고 싶지 않았다. 만약 내가 엄마 뱃속에 있던 그 시절의 나를 만난다면, 꼭 해주고 싶은 말이 있다.

"아가야, 괜찮아. 너는 정말 소중한 존재란다.

얼마나 사랑스럽고 예쁜 존재인지. 우와, 감탄사가 절로 나오네. 사랑해!"

사실 이 말은, 내가 임신했을 때 우리 아이들에게 들려주었던 말이다. 남편 역시 내 뱃속에 대고 아이에게 축복의 말을 건넸다. 아기는 임신 5개월 무렵부터 소리를 듣기 시작한다고 한다. 하지만 그 이전에도, 태아는 이미 엄마와 아빠를 통해 자신의 존재를 어렴풋이 느낄지도 모른다.

옛 선조들로부터 태교의 중요성을 알고 있다. 좋은 것을 보고, 먹고 듣는 것이다. 안 듣던 클래식 음악도 열심히 들었다. 생각과 말과 행동을 바르게 하려고 노력했다. 커피를 마시고 싶어도 절제하고, 술도 마시지 않았다. 둘째 임신 때는 안 마시던 맥주를 마시고 싶었다. 남편이 마시다가 한 모금 남겨준 것을 맛있게 마셨다. 임신 2개월부터 시작된 입덧은 괴로웠다. 조금이라도 아기한테 영양분을 공급해야 한다는 이유로 토하면서도 우격다짐으로 먹었다. 아이가 건강하게 무럭무럭 자라주길 바라는 마음으로. 급기야는 몸무게가 상상하지 못할 정도로 불어났다. 음식만이 아니라 말을 거는 것도 신경 썼다. 음악을 듣고 즐거워하는 것들을 하려고 노력했다.

탯줄, 단순히 생존에 필요한 영양분만 공급하는 것이 아니다. 소중한 한 생명으로써 환대와 지속적인 관심도 전달된다. 물리적, 심리적 영양분을 충분히 섭취할 때 건강한 태아로 자랄 수 있다. 꼭 아기만이 아니라 임신부 자신을 위해서도 심적인 안정과 건강은 필요하다. "너 때문에 내가 발목 잡혔다."가 아니다. 임신, 부모인 우리가 선택하고 결정한 것이다. 따라서 임신 과정에서 심리적 안정과 건강을 챙기는 것은 부모로서 마땅히 해야 할 책임임을 잊지 않았으면 한다.

4. 생명과 책임

우리 선조들은 아기가 태어나면 대문에 금줄을 달았다. 초상집에 다녀온 사람이나 아픈 사람 출입을 막아 아이를 안전하게 보호하기 위해서다. 그만큼 생명을 소중하게 여기는 마음이 담겨있다. 지금은 병원에서 태어나고 바로 조리원에 가는 경우가 많다. 조상들의 지혜를 답습할 수 없는 시대에 살고 있지만 한 생명에 대한 예우는 같았으면 한다.

남, 여를 떠나서 생명은 소중한데 어떤 내담자는 딸부자 집의 딸이라는 이유로 아기 겉싸개도 없이 윗목에 방치되었다. 큰언니가 동생이라고 살려냈다고 했다. 딸만 낳았다고 심지어는 첩을 들여서 아들을 보고자 하는 집안도 있고 그런 행위를 당연시했던 부모도 있었다. 지금은 시대가 많이 바뀌고 있지만 날 때부터 천덕꾸러기 같은 존재로 취급받은 사람들을 만나면 마음이 아프다. 엄마도 이름이 오죽하면 '초자'다. 6남매 중 첫 아이임에도 '처음 초'에 '아들 자'를 썼다. 첫아들을 원하는 외할아버지의 욕구가 들어있다. 아들을 기대했는데 딸을 만난 외할아버지 모습을 상상하게 된다.

북한 이탈 주민을 상담 중에 만났다. 탈북을 결심하고 이행할 때는 대부분 죽음을 각오하고 온다고 한다. 탈북했지만 중국에서 원치 않은 결혼과 임신, 출산에 이어 가정폭력까지 겪었다. 견디다 못해 한국행을 결심한 순선 씨다. 중국에서 한국으로 오는 경로도 쉽지 않다. 혼자 몸으로 도망치듯 오면서 자녀들과 또 다른 생이별을 했다. 북한에서의 이별, 중국에서의 또 다른 이별을 한 것이다. 그나마 다행인 것은 중국에 있는 아이들을 데려오기 위해서 열심히 돈을 모으고 있다는 것이다. 이런 사연을 들으면 삶에 대해 근원적인 질문을 던지게 된다. "도대체 삶은 우리에게 무엇을 원하는가?"

어떤 사람은 아이를 낳아 친정 부모님에게 맡기고 결혼하기도 한다. 그 아이가 부모 자식처럼 크다가 정체성의 혼란을 겪기도 한다. TV 드라마에서 나올법한 주제인데 삶의 현장에서 일어나는 일이다. 남자 친구와 연애하면서 임신인지도 모르고 있다가, 아이를 낳고 멀리 입양을 보내기도 한다. 심지어 뉴스에서는 화장실에서 아이를 낳고 방치하는 경우, 아이를 쓰레기통에 버리는 경우, 아이를 창밖으로 던지는 뉴스도 접하게 된다.

  존엄한 인간이 맞는가. 인간의 악한 본성이 어디까지인가, 질문하게 된다. 우리는 한 인간으로서 낯선 땅에 방문하는 귀한 생명에 대한 예우가 필요하다. 엄마 뱃속에서 있다가, 세상에 나온 아이는 힘차게 울음을 고하고 나온다. 내가 이 땅에 왔다고 포효하는 소리처럼 말이다. 하지만 세상은 그리 만만치 않다. 돌봐주는 사람이 없으면 살 수 없는 나약한 존재가 인간이다.

  우리 집은 아파트 3층이다. 베란다 앞의 소나무들이 잘 자라서 떡하니 자태를 뽐내고 있다. 1년 전, 산비둘기 한 쌍이 소나무 주위를 서성거리더니 열심히 나뭇가지를 물고 와서 집을 짓기 시작했다. 얼마나 열심인지 두 마리가 집을 지으니까 금방 집이 완성됐다. 어미 산비둘기가 알을 낳는지 거의 한 달째 꼼짝도 하지 않았다. 비가 내려도 묵묵히 둥지를 틀고 앉아 있었다. 암컷과 수컷이 번갈아 가며 품었는지는 잘 모르겠다. 구별하기가 쉽지 않다. 한 달 반이나 지났을까, 새끼 두 마리가 태어났다. 새끼들이 입만 벌리고 있으면 부모 새들이 열심히 먹이를 물어다 먹였다. 신기하기도 하고 언제 커서 날아갈지 지켜봤다. 정확하게는 모르겠지만 오랜 시간이 걸리지 않았다. 한 마리가 금방 커서 날아갔다. 남은 한 마리도 부모 새가 하루, 이틀 지켜봐 주고 기다려 주니까 어느새 날아갔다. 내 기억으로는 채 두 달이 되지 않았던 것 같다.

사람은 동물에 비해 독립하기까지 오랜 시간이 걸린다. 그만큼 더 많은 공과 보살핌이 필요한 존재다. 그래서일까, 요즘은 아예 아이를 낳을 생각조차 하지 않는 사람들이 점점 늘고 있다. 이해가 간다. 양육 쉽지 않다. 체력과 정신력, 시간과 경제력까지 많은 것을 요구한다. 하지만 그만큼 애쓴 보람이 있는 일이기도 하다. 새 생명이 자라나는 과정을 지켜보는 일은 그 자체로 하나의 기적이며 선물이다. 어느 순간, 힘든 줄도 모르고 아이를 키우고 있는 자신을 발견하게 된다. 그렇게 아이는 자라고, 또 다른 사회의 구성원이 되어, 또 다른 생명을 품게 된다. 지금 내가 하는 일도 즐겁고 감사하지만, 아이 둘을 낳고 기른 일은 그 어떤 일보다도 앞서며, 무엇과도 비교할 수 없는 소중하고 의미 있는 경험이다.

결혼도 출산도 하지 않겠다고 단호히 말하던 조카가 결혼하고 아이를 낳았다. 형님은 그 조카가 아이를 얼마나 애지중지, 정성스럽게 키우는지 보고 깜짝 놀랐다고 한다. 직접 낳아 보면 다르다.

문득, 나도 궁금해졌다. "엄마는 나를 낳았을 때 기뻤어?" 최근에 용기 내어 물어보았다. 엄마는 잠시 망설이더니 솔직하게 말했다. "아니." 엄마는 언제나 '팩트'를 말하는 사람이다. 하얀 거짓말이라도 해주면 하고 내심 바랐다. 첫아이인 나도 그러한데, 중간에 한 명을 유산하고 난 내 동생은 오죽했겠는가 싶어서 엄마한테 물어보지 못했다. 동생이 태어났을 때는 어땠는지? 혹시 아들이라고 그래도 기뻤는지 궁금했지만 입을 닫았다. 가슴에 묻은 죽은 아들 얘기를 한들.

이미 도박 중독자였던 아버지는 나와 동생을 처음에 어떻게 맞이했을까? 확신이 없다. 기억에는 우리의 존재조차 잊고 사는 것 같았다. 그래도 우리 할머니와 할아버지, 증조할머니는 기뻐했을 것이다. 스스로 위로를 삼는다.

딸이 태어났을 때, 제왕절개를 했기에 3일 만에 아기를 만났다. 얼마나 아이가 예쁘던지. 분홍빛 발그레한 피부에 내 눈에는 모두 예뻐 보였다. 꼬물꼬물한 손과 발가락이 다섯 개인 것이 감사했다. 훤한 이마가 아빠를 유난히도 똑 빼다 닮았다. 친지들과 친구로부터 축하 메시지와 방문을 받았다. 예뻤지만 양육은 모두 낯설고 힘들었다. 둘째는 계획하지 않았는데 임신이 됐다. 기다리고 고대하던 큰애에 비해 실수로 생긴 둘째에게 미안했다. 회개도 많이 했다. 태어났을 때는 아들이라고 더 특별한 대우를 받았다. 시부모님과 엄마한테는 더 그랬던 것 같다. 나도 딸이 있어서 임신이라고 알았을 때 내심 아들이었으면 바랐다.

이 땅에 새 생명으로, 우리 사회에 선물로 오는 아이들의 탄생을 함께 축하하면 좋겠다. 무엇보다 주 양육자인 부모의 마음과 아이를 대하는 태도가 아이한테 큰 선물이기를 바란다. 꼭 부모가 아니라도 괜찮다. 부모 교육 강의하다 보면 가족 구성원들의 다양성에 놀란다. 부모, 조부모, 이모나 고모, 아니면 보모 등 다양한 분들이 양육하고 있다. 현 사회를 반영하는 것 같다. 조부모님들은 부모 못지않다. 열심히 듣고 적고 질문한다. 오히려 자녀를 키운 경험이 있고 교육도 열심히 들으면서 완벽을 추구하기도 한다. 주 양육자가 조부모든 친척이든 보육시설의 보모이든 우리 사회가 세상을 방문하는 소중한 생명을 환대하면 좋겠다.

얼마 전 시설에 거주하는 미혼모 대상으로 인권 교육을 진행했다. 강의 준비에 신경이 더 쓰였다. '엄마들이 있어서 세상이 아름답다'라는 주제 그대로였다. 엄마가 되지 않았더라면 아직도 방탕한 생활로 빚을 지면서 살았을 것이라고 한다. 아이에 대한 책임감이 생겼다고. 사이버 대학 공부하면서 여러 개의 자격증을 따고 빚을 갚고 저축하고 있단다. 시설에서 독립을 꿈꾸는 한 사람 얘기다. 대부분 긍정적으로 자신의 선택을 받아들이고 있었다. '선택'에는 책임이 따른다. 오히려 강사인 내가 배운다.

보건복지부 연차 보고서에 의하면 2023년 아동학대 사망자는 44명이다. 학대 행위자, 86%가 부모로 주로 가정에서 학대가 자행됐다. 힘이 없는 아동들이 학대로 숨져 가고 있다. 우리 집 일이 아니라고 외면할 수 있을까? "한 아이를 키우기 위해서는 온 마을이 필요하다."라는 아프리카 격언이 있다. 출산율만 운운할 때가 아니다. 우리는 이미 선물로 온 생명들을 안전하게 지켜낼 의무가 있다.

5. 부모도 준비가 필요하다

콘라드 로렌츠의 '각인 효과'가 있다. 갓 태어난 새끼 오리가 처음 본 움직이는 대상을 어미로 인식하고 졸졸 따라다닌다는 것이다. 아이들이 태어나면 스마트폰 카메라를 눌러대는 바람에 우스갯소리로 스마트폰이 엄마, 아빠인 줄 안다고 한다. 아기는 엄마나 아빠, 주 양육자와의 상호작용 사이에서 양육자의 표정을 보고 목소리를 듣고 냄새를 맡고 피부 접촉을 느낀다. 다양한 형태로 접촉하면서 자기의 상을 만들어 간다. 엄마와 떨어져서 울고 있는 아이 코밑에 모유가 묻어있는 천을 대어주면 금방 울음을 멈추게 된다는 실험 결과도 있다. 그만큼

주 양육자는 아이에게 지대한 영향을 미친다고 볼 수 있다.

얼마 전, 입양아 두 명을 키우는 목사님 설교를 들었다. 입양할 당시 21개월 된 아이가 배가 고파도, 기저귀를 갈아야 할 때도 울지 않았다고 했다. 심지어 모서리에 부딪혀도 울지 않아서 너무 안타까웠다고 했다. 영아의 소통 방법은 우는 것이다, 아이들은 울어도 소용없다는 것을 이미 알고 있었던 것인지 모르겠다. 세상은 안전하지 못하고 신뢰할 수도 없다고 체념해 버린 것일까? 시설에 있을 때, 울어도 잘 돌봐주지 않는 상황이 지속되면서 아마도 학습됐을 수 있다. 시간이 지나서 6세 된 막내를 더 입양했단다. 입양된 언니보다 양부모를 더 신뢰하지 않았다. 다 클 때까지 그 관계가 이어졌다. 그 아이들이 성인이 됐으니까 예전 일이라고 믿고 싶다. 지금은 아이가 입양되기 전 위탁모에게 양육되기도 한다. 위탁모를 상담하거나 위탁모 대상으로 아동학대 예방 강의하고 있다. 그들 중에는 강의 내내 눈물을 흘리는 사람도 있다. 그 행동에서 사랑을 보고 짐작한다.

심리적으로 힘든 청소년기를 보낼 때, 교회에서 영아원으로 봉사활동을 가게 되었다. 아이들을 보면서 많은 생각이 들었다. '난 한쪽 부모라도 나를 거두고 있는데, 어린 너희들은 두 부모에게 버림을 받았구나!' 머리엔 부스럼이 나고 기저귀를 갈아주지 못해 묽은 변이 다 말랐는데도 울지도 않는 처지가 더 크게 느껴졌다. 집에 오면서 목 놓아 울었던 생각이 난다. 이 땅에 오는 소중한 생명이 목적이 없는 게 있을까? 보이지 않는 신의 손이 아기들을 지켜주기를…. 부디 건강하게 잘 클 수 있기를. 집으로 오면서 반성하는 계기가 됐다. 지금도 영아들을 위한 봉사가 곧 나를 위한 봉사였음을 깨닫는다.

그렇다면 나는 이 시기에 어떤 양육을 받았을까? 주 양육자가 엄마가 아닌 할머니였다. 한편으론 다행이라고 생각한다. 엄마가 아버지와 생활고로 인해 하루도 마음 편하지 않았기 때문이다. 아버지는 여기저기 돈 빌릴 곳도 없고 돈이 다 떨어질 때는 집에 왔다. 여지없이 큰 싸움으로 이어졌다. 잘 먹질 못해서 젖도 나오지 않았고 미음을 먹였다는 것을 보면 차라리 할머니가 주 양육자가 된 것이 더 나았다. 본래 성격적인 요소도 있지만 힘든 생활이 반복되면서 엄마는 강박과 불안이 높아졌고 스스로 힘들게 했다. 어린 나한테 좋은 영향을 미쳤을지 지금 생각해도 미지수다. 나는 내향적인 요소가 많다. 당시의 할머니를 기억하면 조용하고 말이 별로 없었다. 어릴수록 양육자가 대신해서 말로 표현을 많이 해줘야 하는데 과연 그러셨을까. 기억나질 않는다. 그나마 다행이라 할 수 있는 것은 주 양육자인 할머니가 내가 잠들 때 머리를 쓰다듬어 주면서 기도해 준 사실이다. 긍정적인 접촉이 주는 안정감으로 인해 잠들었던 것 같다. 다만, 아쉬운 점은 항상 안방에 화롯불이 있었다. 할머니와 증조할머니께선 곰방대에 담뱃잎을 넣고 방에서 담배를 피웠다. 할아버지 방도 담배 냄새가 진동했다. 간접흡연이 좋지 않은데도 당시에는 그것에 대해서 무지했다.

아기의 표정은 다양하다. 잠시도 가만히 있지 않고 팔, 다리를 버둥거리면서 움직인다. 주 양육자는 아이의 표정과 행동에 반응하고 표현해야 한다. 아니 자연스러운 반응이 따른다. 아기는 미러링을 통해 주변 사람을 모방한다. 웃는 얼굴, 찡그린 얼굴, 화가 나는 얼굴 등 어른과 비슷한 표정을 따라 한다. 모방하면서 유아가 공감 능력을 갖추고 다른 사람의 감정을 이해하게 된다. 유아는 계속해서 다른 개인의 감정과의 연결을 구축하고 그에 따라 그들의 움직임을 반영한다. 양육자의 아기를 대하는 태도와 반응이 얼마나 중요한지 알 수 있다.

쇼츠 영상에서 봤다. 엄마가 청소기로 청소를 시작하자, 만 2세 정도의 아기가 한 손에는 우유병을 들고 다른 한 손으로 바닥에 있는 카펫을 들어 주었다. 바로 아빠가 했던 행동을 그대로 따라 하는 것이다. 할아버지처럼 뒷짐을 지고 걸어가는 아이. 아빠처럼 면도하겠다고 흉내 내는 아이. 입술에 빨간 립스틱으로 범벅이 된 아이. 아이들 앞에서는 숭늉도 못 마신다는 속담이 생각난다.

나는 우리 아이들에게 어땠을까? 나름대로는 열심히 한다고 했다. 하지만 지치고 힘들 때면 아이한테도 관심이 덜 가고 바로바로 반응하질 못했다. 특히 둘째 때는 19개월 차이 나는 큰아이를 보느라 힘들었다. 하루는 울고 있었던 둘째를 30분 정도 방치한 적이 있다. 지금 생각하면 한심한 엄마다. 아들에게 사과했다. 중요한 시기에 미안하다. 큰애한테도 미안하다. '동생이 태어나기 전에 대소변을 가려야 한다'라고 생각했다. 성급하게 매를 대가며 대소변을 가리도록 했다. 나의 무지가 가져온 소행이다. 딸이 유난히도 방을 잘 정리하지 못한다. 혹시 항문기에 아이를 힘들게 해서 그런가 하는 반성을 하게 된다. 또 한 가지 우를 범한 것이 있다. 둘째가 태어날 때, 당시엔 남편의 휴가 기간이 짧았다. 큰애를 볼 사람이 없었다. 그나마 시어머니가 보다가 시아버지의 건강이 안 좋아졌다. 거의 안면이 없는 고모네 집에 맡겨졌다. 밤낮 울어대는 아이에게 고모가 큰 소리를 내면서 주눅 들었던 모양이다. 상황을 설명하고 이해하기엔 너무 어린 나이에 이루어진 일이다. 아이한테 어떤 영향을 미쳤는지는 금방 알아볼 수 있었다. 2주 뒤에 집으로 돌아온 아이는 전혀 다른 아이가 되어 있었다. 엄마, 아빠인 우리를 보면서도 경계하는 눈빛이 지금도 눈에 선하다. 아차 싶었다. 그 뒤로 1년 뒤까지 고모와 고모부를 만나면 남편과 내 뒤로 숨었다. 무지에서 큰아이를 힘들게 한 사례이다.

아무것도 모르고 부모가 되었다. 그 때문에 많은 시행착오를 겪었다. 그래서 자연스럽게 깨닫게 된다. 부모가 된다는 건 아이와 함께 자라는 일이라는 것을. 하지만 아이는 기다려 주지 않는다. 때를 놓치면, 그 상처는 아이의 몸과 마음에 고스란히 남는다. 그래서 예비 부모 교육이 필요하다. 양육은 본능만으로 되는 일이 아니다. 애착 형성, 발달 이해, 감정 조절, 징계보다 공감의 언어를 배우는 일까지.

아이의 눈높이에 맞춰 부모로 준비되어야 한다. 누군가는 가르쳐주어야 하고, 누군가는 먼저 겪은 시행착오를 나눠주어야 한다. 나의 경험이 누군가에게는 예방이 될 수 있기를 바란다.

6. 모유 수유

엄마 소영 씨가 상담실을 방문했다. 가끔 봐주는 친정어머니가 외출해서 젖먹이를 안고 왔다. 오물거리는 입, 손을 꼭 쥐고 있는 모습, 두리번두리번 여기가 어딘가 궁금해하는 모습에 웃음이 절로 나왔다. 아이를 키우는 양육자는 힘든 것은 사실이다. 상담하면서 아기 젖을 물려야 하는데 괜찮겠냐며 양해를 구한다. "당연하지요." 사실, 아이들을 양육할 때 모유 수유를 제대로 하지 못했다. 지금 생각해도 미안한 마음이다. "잘하고 계신 겁니다." 마음에서 우러나온 말이다.

얼마 전, 유난히도 강아지를 좋아하는 아들이 강아지를 키우겠다고 선포했다. 직장이 서울에 있어 집을 떠나 누나랑 함께 있다. 키우지 말라고 말릴 수 없는 노릇이다. 친정엄마에게는 비밀로 하고 키우기로 했다. 친정엄마는 유달리 강아지를 싫어한다. 비밀로 하지 않으면 나를 힘들게 할 것이다. 강아지 종은 '시츄'이다. 미리 강아지 값을 냈다. 집에는 한 달 반 뒤에나 데려올 수 있다고 했다. 이유는 어미 젖을 충분히 먹어야 이유식을 할 수 있다는 것이다. '정말 개를 사랑하는 주인을 만나 다행이다.'라고 생각했다. 말 못 하는 동물이지만 이윤에만 급급하지 않은 것 같다. 동물도 새끼를 낳고 젖을 먹여 키우는데 부끄럽다는 생각이 스쳤다. 동물이라고 왜 아프지 않겠으며 젖몸살이 오지 않겠는가.

모유 수유를 제대로 하지 못한 것이 후회될 줄은 몰랐다. 나에 대해서 불평을 거의 하지 않은 남편이다. 다만 한 가지, 아이들이 커서까지도 서운했는지 어쩌다 한 번씩 얘기했다. 제왕절개하고 3일 만에 아이를 만났다. 젖몸살이 심했다. 겨우 초유만 먹이고 말았다. 남편과 엄마가 번갈아 가며 마사지했는데도 불구하고 몸살이 계속됐다. 약을 먹을 수도 없어서 고통을 호소하고 입이 바짝바짝 말라 들어가는 것을 본 친정엄마가 말했다. 약 먹자고, 그만 모유를 말리고 말았다. 아이들한테 두고두고 미안한 사실이다. 제왕절개를 해도 바로 산모한테 수유할 때만이라도 아이를 맡기면 좋겠다. 그러면 더 수월하게 모유 수유할 것 같다.

엄마 젖을 먹고 있는 초롱초롱한 눈망울은 세상 근심을 잊게 한다. 그때 엄마와 아기는 무언의 눈빛을 통해 세상에 둘도 없는 교감을 한다. 우리 아이들은 초유만 먹이고 우유를 먹여서인지 일찍부터 우유병을 잡았다. 옆에 수건을 괴어 놓으면 스스로 잡고 먹었다. 당시에는 그 행동이 너무 신기하고 좋았다. 지금 생각하면 그만큼 아이랑 서로 눈빛 언어와 신체 접촉할 수 있는 시간을 뺏긴 것이다. 아이들이 크고 나서 솔직하게 얘기했다. 아빠도 서운하게 생각하는 것, 너희들한테 미안한 것이 있다. 모유 수유를 제대로 못 했다. 딸은 "그럴 수도 있지!" 하고 이해한다. 아들은 가끔 그걸 빌미로 놀릴 때가 있다. "모유 수유도 안 했대요." 장난으로 던지는 말에 진실이 묻어날 때가 있다. 바로 그런 느낌을 받는다. "미안하다 아들!"

그렇다면 나는 엄마 젖을 먹었을까? 엄마는 먹을 게 없어서 끼니를 제대로 챙기기도 힘들었다고 했다. 보리밥에 간장을 비벼 먹었단다. 모유가 나오지 않았다. 미음을 써 수저로 조금씩 떠먹였다고 했다. 우유는 구경도 못 했다. 마당에 큰 감나무가 있었다. 가을엔 홍시를 먹였단다. 할머니 생각도 나고 아기 때 먹었던 기억이 있어서인지 홍시를 좋아한다. 미음을 먹일 수밖에 없었던 엄마 마음은…. 지금도 본인보다 내 입에 들어가는 것을 우선으로 여기는 분이다. 모유 수유를 하면 엄마랑 눈빛 교환은 물론 신체 접촉을 통해 옥시토신도 분비되고 더 친밀한 애착이 생긴다. 엄마랑 나는 그렇지 못했다. 엄마랑 포옹이 아직도 어색하다. 상담 공부 과정 중에 전문 상담사나 교수님에게 상담을 받아야 하는 시간이 있다. 상담받으면서 곰 인형을 엄마 대신 안기도 했다. 감사한 마음은 큰데 자연스러운 신체 접촉은 아직도 보이지 않은 벽이 있다. 밀린 숙제처럼 남아있다.

YTN 사이언스 '모유 수유' 편에 의하면 모유는 아이에게 가장 이상적인 음식이다. 중추신경계 발달에 중요한 콜레스테롤과 DHA가 풍부하게 들어있다. 그래서 분유 수유를 하는 아이보다 지능이 10점 정도 높다는 연구도 있다. 또한, 모유는 각종 면역 물질과 항체를 포함하고 있어 감염 질환의 발생을 현저히 줄여준다. 영아의 면역체계 발달과 함께 호흡기나 소화기의 점막 장벽을 성장시키는 역할도 한다. 옥시토신이 분비되어 자궁을 수축시키고 산후 출혈을 예방한다. 이외에도 산모의 감정적인 안정감을 증가시키고 출산 후 우울증 위험을 감소시킬 수 있다. 산모의 유방암, 자궁암 및 골다공증 발생 위험을 감소시키는 데 도움을 줄 수 있다. 아무리 좋은 행동이라 하더라도 그것이 과하면 독이 될 수 있듯이 너무 오랫동안 수유하게 되면 엄마와 아이에게 둘 다 바람직하진 않을 것이다. 아이도 이유식으로 여러 가지 영양소를 먹어야 하고 엄마도 너무 긴 시간 수유를 하다 보면 건강이 나빠질 수 있다.

셋째 이모는 딸을 일곱 명 낳았다. 아들이 귀한 집안이라 이모의 시부가 손자를 보길 원했기 때문이다. 아직도 남아선호사상에서 벗어나지 못한 경우다. 나도 예외는 아니다. 아들에 대한 욕심이 없었음에도 막상 아들을 보니 '내가 할 일을 했다.'라는 생각이 들었다.

어쨌든 이모는 모유 수유를 계속했다. 이모부가 몸에 좋다는 것을 구해서 이모에게 드렸는데도 지금은 골다공증으로 고생하고 있다. 아이를 낳고 키우면서 아이에게 영양소를 공급하고 키워내느라 힘들었을 것이다. 그나마 이모부가 집안일도 적극적이어서 이 정도라고 생각한다.

이 글을 쓰는 동안 시간이 흘러, 드디어 강아지가 애들 집으로 왔다. 어린 새끼 강아지인데 엄마 젖을 충분히 먹어서인지 포동포동하고 정말 순하다. 안정감이 느껴진다. 소변도 어미 개가 길들였는지 잘 가리고 대변은 아직 이르다. 우리는 가끔은 자연을 통해서 깨달을 때가 있는데 이것을 두고 하는 말이다. 인간이 동물과 다른 것은 아기가 엄마 젖을 먹을 때는 엄마의 사랑스러운 눈빛도 함께 먹는다는 것이다. 모유 수유의 이점이 많지만, 상황상 모유 수유하기 어려울 수도 있다. 그런 경우라면 굳이 못 하는 것에 대해 자책하지 말았으면 한다. 엄마가 행복하고 정서적으로 안정되는 것 이상 큰 선물이 없다. 아기는 먹을 것으로만 성장하지 않는다는 말이 위로되면 좋겠다.

심리학자 에릭 에릭슨에 의하면 출생에서 1세까지는 부모의 돌봄 정도에 의해 기본 신뢰를 형성할 수 있다고 한다. 아이를 발달단계에 맞게 잘 돌볼 의무와 책임이 있다. 관계에서의 기본인 '신뢰감'을 갖는 시기에 어떻게 키워야 할지 유념해야 한다. 기초공사가 제대로 되지 않은 집은 안정감이 없다. 큰 외부 환경에 의해 무너질 수도 있다. 인간도 마찬가지이다. 어릴 적 주 양육자와의 신뢰 관계는 무시할 수 없다. 지속적인 긍정 경험을 통해 아이는 자신과 타인, 세상을 신뢰하게 된다.

7. 산후 우울증과 호르몬

"아이 키우는 것이 너무 힘들어요. 친정엄마가 도와주시지만 힘들어서 어떨 땐 아이가 없어졌으면 합니다." 남편은 본인 일을 통해 잘 나가고 있는데, 하던 일을 그만두고 애만 키우고 있다. 결혼 안 하고 자기 일을 하는 친구들이 부럽다. 몸매도 그렇고. 임신 중독증을 앓고 난 후 좀처럼 살이 빠지지 않는다. 헐렁한 면 티셔츠와 바지를 입고 있는 모습이 한심하기까지 하다. 순금 씨는 한없이 푸념을 늘어놓는다. 결혼 전에 얼마나 잘 나갔는지 모른다며, 핸드폰으로 잘 나가던 옛 시절 모습을 보여주기도 한다.

잦은 병치레를 하는 아기를 보는 엄마들은 점점 지쳐가고 심지어는 자기 탓을 하기도 한다. 늦은 결혼으로 인해 아이한테 알레르기가 있는 것인지. 시험관 아기라 그런지. 적절한 음식이나 운동 등 자기관리를 하지 못해서인지. 가족 유전인지 등 자책하고 비난하기까지 한다. 선물 같은 아이가 예쁘기도 하지만, 자신의 몸매 상실, 일자리 상실 등 힘든 육아로 인해 지쳐가는 현실을 호소하는 엄마들이 있다. 출산이란 응당 기쁘고 축복받아야 한다는 사회적 관점으로 인해 때론 우울증을 경험하더라도 표현조차 힘들다.

2021년 보건복지부 실태조사에 따르면 분만 후 산모의 절반 이상 (53%)이 산후 우울증이라고 한다. 10개월간 품고 있다가 실제로 아기와 만났는데 엄마는 왜 우울한 것일까? 여기에는 행복 호르몬으로 불리는 엔도르핀의 묘수가 숨어 있다. 나홍식 고려대 의대 명예교수에 의하면 태아가 머무는 태반은 엔도르핀을 분비해 영양분을 태아 쪽으로 많이 오게 한다. 태아가 엔도르핀을 이용해 엄마를 기분 좋게 만들면서 자기 건강을 챙기려고 엄마를 속인다는 것이다. 출산하면서 태반과 함께 엔도르핀도 사라져 엔도르핀에 젖어 있던 엄마는 아편 중독자가 금단 현상을 겪듯이 산후 우울증에 빠지게 된다. 그나마 다행인 것은 아기가 젖을 빨면 엄마의 뇌에서 옥시토신과 함께 엔도르핀이 다시 분비되어 산후 우울증이 완화된다. 임신기간 산모에게 고혈압, 고혈당이 생기는 임신 중독증도 태아가 자기에게 영양분이 잘 공급되도록 엄마의 혈압과 혈당을 높이기 때문에 나타나는 현상이다. 아기의 생존 욕구와 관련되어 있다.

엄마의 엔도르핀을 분비하게 하는 또 다른 자극은 피부 접촉이다. 끊임없는 피부 접촉을 통해 엔도르핀이 분비되면 엄마와 아기는 더할 수 없는 기쁨을 느끼게 된다. 서로의 털을 골라주는 원숭이들은 피부 접촉을 통해 서로 엔도르핀을 선물한다. 해리 할로우의 원숭이 실험에서도, 원숭이가 우유병을 매달아 놓은 철망에서는 우유만 먹고 털옷으로 되어 있는 곳에서 줄곧 지낸다. 털 대신 옷을 입고 있는 인간은 피부 접촉으로 얻는 엔도르핀의 양이 원숭이에 비해 적다. 대신 인간은 웃음으로 엔도르핀을 보충한다. 어쩌면 아이들은 그런 원리로 엄마랑 아빠 등 주 양육자에게 웃음을 그리 선물하는지 모를 일이다.

감정이 전이되듯이 친한 사람이 우울하면 함께 있는 사람도 우울해진다. 산모가 우울하면 태아도 영향을 받는다. 이스라엘 발 일란 대학 연구팀은 연구 결과를 발표했다. 부정적 영향을 받은 태아도 생후 주 양육자나 가족의 사랑을 듬뿍 받는다면 사랑의 묘약이라 할 수 있는 '옥시토신' 호르몬이 분비되어 정신건강을 지켜준다고. 제네바 대학과 이탈리아 파리니 병원, 발레다오스타대학의 공동연구에 따르면 치료받고 있는 미숙아에게 산모가 말을 걸면 아기의 통증이 줄고, 옥시토신 수치가 증가하는 것으로 밝혀졌다. 혈액 추출 중 산모가 곁에 없을 때와 산모가 곁에서 말하거나 노래 부를 때의 타액 샘플을 비교한 결과 산모가 말을 걸면 옥시토신 수치가 0.8pg/ml에서 1.4pg/ml로 상승했다. 연구진은 이번 연구 결과에 대해 "미숙아가 고통스러운 의학적 시술을 받을 때 산모의 존재가 긍정적인 영향을 미친다."라고 말했다. 이 연구는 인큐베이터에서 심장 결함으로 아파하는 동생을 형이 팔로 감싸 안아 점점 동생의 건강이 회복되었다는 사실을 기억나게 한다.

　기업에서 상담했을 때의 일이다. 상담회기를 진행 중이던 내담자 진호 씨가 상담 중에 아내가 임신했다고 했다. "와, 축하드려요. 첫아이죠, 얼마나 좋으세요?" 그런데 뜻밖에도 애매모호한 표정으로 머뭇거리고 있었다. 잘 모르겠다. 과연 잘 키울 수 있을지, 잘 감당할 수 있을지 여러 가지 생각이 든다는 것이다. 부부가 연봉이 꽤 높은 직장에 근무했다. 아빠로서의 반응은 참 아이러니하게 느껴졌다. 아이라는 존재, 가장한테는 무게감이 많이 다르다는 사실을 깨달았다.

　산후 우울증이 여성의 전유물로 여겨지지만 실제로 남자도 여자 못지않게 출산, 육아에 따른 스트레스를 받는다. 산후 우울증으로 나타나기도 한다. 사별, 이혼, 실패 등의 부정적인 사건만이 아니라 결혼, 임신, 출산 등의 생애전환기의 스트레스 지수도 매우 높은 것을 알 수 있다. 위의 예비 아빠뿐만 아니다. 첫 아이 출산 후 육아에 도움을 주기는커녕 밖으로 돌거나 게임 중독 등에 빠져 오히려 출산 전보다 부부 관계가 나빠지기도 한다. 의욕 상실, 불면증, 식욕 저하, 집중력 저하 등 우울 증상을 보여 약물 치료와 상담을 병행하기도 한다. 엄마 산후 우울증의 경우 출산 후 급격한 호르몬의 변화가 큰 원인이지만, 아빠 산후 우울증의 원인은 아빠가 된다는 부담감에서 비롯되기도 한다. 양육에 대한 과도한 책임감, 아내의 관심이 아이에게 쏠리면서 오는 소외감도 느낀다. 아이 위주로 변하는 생활 변화 및 양육비 등의 경제적 부담감에 대한 걱정과 불안이 증가하기도 한다. 가족력 등 생물학적인 요인도 작용한다. 남편이 임신 중인 아내와 함께 식욕을 상실하고 매스꺼워하거나 구토 등의 증상을 겪는 경우가 있다. 아내의 임신과 출산 중에 나타나는 남편의 여러 가지 심리적, 신체적 증상들을 영국의 정신분석학자인 트리도 우언은 '쿠바드 증후군(Couvade Syndrome)'이라고 불렀다. 꾸다 드는 불어의 'couver'에서 온 말로 '알을 품다, 부화하다'의 뜻이 있다. '쿠바드 증후군'은 임신 3개월경에 가장 심하고 점차 약해지다가 임신 말기가 되면 또다시 심해지기도 한다. 이 증상은 단지 신체적 증상에만 그치지 않고 우울증과 긴장이 고조되는 심리적 증상으로도 나타난다. 산후 우울증이 있는 아빠는 아이에게 관심이 줄고 아이와의 애착 형성에도 어려움이 있다. 잘 돌보지 않고 화를 내고 매를 드는 경향도 있다. 아이는 부정적인 정서 양상을 갖게 되고 변화에 잘 적응하지 못한다. 학업 수행 능력이나 지적 능력이 낮아진다. 또래들과 제대로 어울리지 못하고 문제 행동이나 과잉행동으로 지적을 받을 수 있다. 성인이 돼서도 주요 우울증이나 불안장애 등으로 이어질 수 있다.

그렇다면 아이를 맞는 아빠는 무엇을 준비하면 좋을까?

첫째, 부담과 책임을 있는 그대로 받아들이기. 아빠로서의 부담감과 자녀 양육의 책임을 피하지 말고 자연스럽게 받아들이는 태도가 중요하다.

둘째, 생활의 변화 예측하기. 아내의 관심이 아이에게 집중되고, 가족 중심의 생활로 변화하는 것을 미리 숙지하고 감정적으로 대비한다.

셋째, 경제적 계획 세우기. 양육비를 포함한 생활비에 대한 구체적이고 현실적인 재정 계획을 세운다.

넷째, 부부만의 시간 마련하기. 육아로 인한 부부 관계 소홀을 피하기 위해, 짧은 시간이라도 아이를 믿을 만한 사람에게 맡기고 부부만의 시간을 갖는다.

다섯째, 산후 우울 증상 이해하고 대응하기. 자신의 감정이나 신체 변화를 자연스레 받아들이고, 배우자와 대화를 통해 공유한다. 감정 환기와 기분 전환을 위한 활동도 중요하다.

누구나 산후 우울을 겪을 수 있다. 하지만 이해하고, 나누고, 잘 극복해 나간다면, 부부로서, 부모로서 한층 단단해진 우리가 되어 있을 것이다. 부부가 안정되고 행복한 것, 그 자체가 아이에게 줄 수 있는 가장 큰 선물이다.

8. 초기 기억

초기 기억이란 의식적으로 기억할 수 있는 가장 어린 시절의 기억을 말한다. 초기 기억하면 제일 먼저 떠오르는 내담자 수종 씨가 있다. 북한에서 나름대로 잘 살다가 무슨 연유에서인지 아버지가 당에서 미움을 받게 됐다. 생활이 궁핍해지자 탈출을 감행했다. 당시에 그는 여섯 살이었다. 중국으로 넘어오는 과정 중 어른들이 하는 말을 듣게 되었다. 탈북하다가 잡히면 코를 뚫어서 소처럼 끌고 북한으로 데리고 간다는 것이었다. 어른들은 아이가 자는 줄 알고 하는 이야기였지만 잠이 들지 않았던 수종 씨는 너무 무서웠다고 했다. 어렵게 중국으로 탈북했지만 기대와는 다르게 식구들은 고생을 많이 했다. 설상가상으로 자신의 전부라 여겼던 아버지가 중국에서 갑자기 죽었다. 어찌어찌 살다가 성장해서 우리나라로 넘어왔다. 결혼하고 직장도 얻고 살면서 아들을 낳았다. 아들이 네 살이 되면서 나오는 증상이 있었다. 거리 청소 일을 하고 있었는데 교통사고 현장을 보면 본인의 아들이 그 사고 현장에 대입되어 피투성이가 되어 있었다. 재래시장의 닭튀김 하는 장면을 봐도 아들이 끔찍하게 대입되어 나타났다. "잠을 제대로 잘 수도 없다." 증상 초반에는 아내도 남편이 안타깝다고 생각하고 위로했지만, 계속되는 기이한 현상에 아내도 자신도 지쳐간다고 했다. 북한 이탈 주민은 하나원에서 심리상담을 받을 수 있다. 하지만 이 문제는 해결할 수가 없노라고 했다. 내담자의 초기 기억과 아버지의 죽음 등 여러 요인이 얽혀서 나오는 마음의 증상이다. 그만큼 정서적으로 얽힌 초기 기억은 우리한테 알게 모르게 영향을 미치고 있음을 알 수 있다. 다행히 상담을 통해 마음의 평화를 찾았다. 오래전 내담자이지만 본인 아들 의뢰 등 가끔 소식을 주고 있다. 상담 끝에 고맙다면서 내 사진을 찍어서 안방 벽에 걸어 놓겠다고 했다가 아내한테 혼났다는 말이 지금도 생각난다. 하마터면 김일성같이 될 뻔했다. 고맙다는 표현도 이렇게 익살스럽게 표현한다.

20대 내담자 성진 씨는 어릴 적, 초기 기억으로 인해 일상생활의 불편함을 겪었다. '회색'만 보면 공황 증세를 보이는 것이었다. 어릴 적, 스님이 집을 방문했다. 어린 그를 보고 엄마한테 "나중에 스님이 될 팔자요."라고 했다. 당시에 어린 성진에게는 스님이라는 존재가 너무 무서웠다. 회색 옷을 입고 민머리에 표정도 별로 없는 스님이 된다고 했으니 얼마나 무서웠던지 그만 그 말이 각인이 된 것이다. 그때부터 회색을 멀리하게 됐다. 회색만 보면 자신도 모르게 자율신경계가 오작동되어 공황증세까지 왔다. 나이가 들수록 오히려 더 심해졌다. 우리는 총 천연의 색과 뗄 수 없는 환경이다. 본인의 의상이나 소품, 심지어 집에서는 회색이 전혀 없다고 했다. 하지만 밖으로 나오면 자연스럽게 접하게 되니 살아가는 것이 너무 힘들다는 것이다. 상담자인 나한테도 회색 옷이나 가방, 신발을 신지 말아 달라고 당부했다. 초기 기억이 비합리적인 신념이 되어 성인이 된 성진 씨를 힘들게 하고 있었다. 상담을 통해 그 증상에서 벗어날 수 있었다.

  아이들과 함께 여러 번 봤던 영화가 생각난다. 〈배트맨〉이다. 고담시의 유서 깊은 명문가인 웨인가의 상속자로, 아버지 토머스 웨인과 어머니 마사 웨인 사이에서 태어났다. 어렸을 때 쾌걸 조로를 극장에서 관람 후 부모와 함께 집으로 돌아가던 중, 총을 든 강도 조 칠(Joe

Chill)에 의해 두 사람이 피살되는 것을 목격했다. 이 사건은 그에게 평생의 상처이자 트라우마로 남았으며, 범죄 투사 배트맨이 되는 데 큰 영향을 주었다. 비단, 영화나 드라마만의 이야기가 아니다.

조니 킴이라는 인물이 있다. 미국 최정예 부대 '네이비 씰' 대원, 하버드대 출신 외과 의사, 지금은 NASA 우주비행사가 된 인물이다. 30대 중반인 이 사람은 보통 사람들이 한 개 갖추기도 힘든 이력이 있다. 과연 어떤 환경에서 자랐을까? 계속되는 가정폭력. 안타깝게도 군에 입대하기 전, 술에 취한 아버지가 총기를 휘두르며 가족을 위협했다. 신고로 경찰과 대치된 상태에서 조니 킴의 아버지는 경찰에 의해서 사살되었다. 아버지의 알코올성 폭력의 영향으로 '가족과 자신을 지킬 것이다.'라는 생각으로 '네이비 씰'에 지원했다. 지금은 항공 의사, 항공기 조종사로 활약하고 있다.

초기 기억은 한 사람의 인생에 지대한 영향을 미치기도 한다. 첫 아이인 나를 맞았을 때 아버지는 어떤 마음이었을까? 이미 경제적으로 탕진된 상태에서 아이들은 태어났지만 어쩌면 도피하고 싶었을 수도 있었겠다. 원하지도 준비되지도 않은 결혼, 아내의 임신과 출산 등이 아버지에겐 분명 감당하기 어려운 부담이요 짐이었을 것이다. 도박으로 이미 황폐된 마음이 자신의 아이라고 해서 크게 다르지 않았을 것이다.

나의 초기 기억은 지금도 떠올리기 싫다. 감당할 수 없는 아픔을 겪게 되면 정서를 차단하고 그 기억마저 봉인하게 된다. 상담사가 되면서 상담을 통해 봉인되었던 기억이 떠올랐다. 7세에 입학을 했으니까 6세 정도의 기억이다. 이미 엄마는 아버지의 폭력과 자신만 바라보고 있는 시부모와 시조모, 아이들 둘을 두고 집을 나간 상황이었다. 아버지는 여전히 전국을 떠돌며 돈을 빌려 도박으로 탕진하다 그것도 어려우면 집에 왔다. 그날도 아버지가 온다는 소식을 듣게 되었다. 그래도 아버지고 혈육이라 끌렸던 것일까? 마당에 있는 지하수 물을 펌프질해서 세수했다. 마음속으로 아버지 눈도장이라도 받고 싶어 마냥 기다렸다. 방으로 들어가지도 않았다. 행여 방에 있으면 아버지가 나를 찾지 않을 것 같았다. 마당에서 언제 올지도 모르는 아버지를 기다렸다. 마침내 아버지가 왔다. 그런데 아버지는 나한테 눈길 한 번 주지 않았다. 바로 안방의 할아버지한테 가서 돈을 달라고 했다. 아버지 눈에는 자녀도, 부모도 안중에 없었다. 중독을 공부하면서 그때의 아버지가 연상됐다. 중독에 빠지게 되면 이미 황폐된 마음 상태가 된다는 것을 알았다. 정말 돈이 어디에 있었겠는가. 그나마 주 소득원으로 일을 했던 어머니마저 안 계신 상황이었으니 말이다. 논도 밭도 없어서 남의 소작농 일로 겨우 어떻게든 끼니는 때웠다. 현금이 어디 있었겠는가. 닭이 알을 낳으면 할아버지는 그것을 꾸러미로 묶어서 장에 내다 팔았다. 그 돈으로 꼭 필요한 용품을 샀다. 돈이 없다고 하자, 아버지가 갑자기 방 밖으로 나오더니 부엌으로 향했다. 도대체 무슨 일이…. 긴장감이 도는 순간, 아버지 손에는 부엌에서 쓰는 식칼이 들려있었다. 오랜 시간이 지났는데도 감당하기 어려운 기억이다. 그 순간 어린 나는 그 칼로 할아버지를 해친다고 생각했다. 그나마 다행인 것은 아버지가 돈을 안 주면 본인의 손가락을 자르겠다고 협박하는 것이었다. 그러자 할아버지께서 방 밖으로 나가 어디론가 갔다. 아마도 돈을 구하려고 했던 것 같다. 초기 기억이다.

마흔이 넘은 나이였다. 상담을 통해 불쑥 올라온 장면이다. 평온하던 온몸이 얼음장처럼 차갑게 굳어버렸다. 죽음에 대한 두려움, 아버지로부터의 거절감. 고로 '나는 무가치한 존재다.'라는 무의식 속의 메시지. 그 시기, 엄마 소식도 알 수 없었고, 아버지는 내게 전혀 관심이 없었다. 엄마와 아버지, 누구에게도 인정받지 못한 존재. 아버지는 나보다 네 살이나 어린 동생에게도 아무런 관심을 주지 않았다.

마비 사비 카슨은 〈생애 자화상 만들기〉에서 초기 기억의 중요성을 강조한다. 그는 초기 기억이 단순한 유년의 단상이 아니라 우리 삶의 핵심 문제와 연결되어 있다고 보았다. 나 역시 아프고 버거웠던 어린 시절의 기억이 없었다면, 아마도 상담이라는 길에 끌리지 않았을 것이다.

"초기 기억은 삶을 바라보는 개인의 태도와 열등감, 그리고 그것을 어떻게 극복하려 하는지를 보여주는 창이다." 이는 아들러 심리학자들이 초기 기억을 해석할 때 자주 사용하는 요약 문장이며, 아들러가 제시한 인간 이해 방식의 핵심을 잘 드러낸다.

나 역시 존재를 거부당했던 초기 기억에 머무르지 않고, 극복할 수 있어서 다행이다. 만약 그 고비를 넘지 못했다면, 이 글도 탄생하지 않았을 것이다. 자신의 상처를 부끄러움이 아닌 통로로 받아들이는 순간, 상처는 타인의 고통에 깊이 공명하는 힘으로 바뀐다.

9. 학교보다는 자연생활

앞집에 살던 두 살 위인 친구가 있었다. 학교에 가자고 나를 찾아왔다. 그 친구 따라 학교에 가다 보니 일곱 살이던 나는 1학년이 됐다. 기역, 니은은 물론 이름자도 쓰지 못했는데 학교에 다니게 됐다. 어느 순간 글을 읽게 되었다. 학교가 조그마한 분교라 1학년, 4학년이 한 반에서 공부하고 담임선생님도 두 학년에 한 분이었다. 우리 학년은 열세 명 정도였다. 2학년과 3학년은 다른 교실에서 한 반이 됐다. 가방도 없어서 교과서를 책보자기에 싸서 동여매고 다녔다. 2학년, 글을 잘 읽어서 빨리 읽은 친구들한테 주는 특혜를 누렸다. 운동장에 나가서 노는 것이었다. 혼자서 운동장 바닥에 그림을 그리고 놀다 보면 다른 친구가 나왔다. 그때 공부를 더 할걸….

학교 갔다 오면 책보를 방으로 던졌다. 들로 나가서 나물을 캐고 밭에 가서 일손을 거들었다. 배가 고프면 가지랑 목화솜을 먹었다. 봄엔 못자리를 잡아주고 논에 들어갔다가 거머리에 뜯겼다. 들에 나가 냉이나 쑥을 캐면 할머니가 쑥버무리를 했다. 여름에는 냇가에 가서 멱을 감으면서 유일한 단백질원인 다슬기를 잡았다. 할머니가 된장을 풀어 끓였는데 지금은 다슬기국을 사 먹어도 그 맛을 느낄 수 없다. 가을엔 담뱃잎을 따서 빨랫줄에 널어 말렸다. 갈색 잎이 되도록 뒤집었던 기억이 있다. 겨울이 되기 전에 갈색으로 변색 된 솔잎을 갈퀴로 모아 새끼줄로 동여매어 머리에 이고 왔다. 뒷산의 솔잎을 다 긁어가고 없을 땐 소나무 위에 올라가서 털어 내거나 더 먼 산에 갔다. 그렇게 모아온 솔잎으로 아궁이에 불을 지펴 밥을 짓거나 국을 끓여 먹었다. 부모님 둘 다 키가 작아서 키가 크지 않은 것도 있겠지만 머리에 이고 다니는 행동도 무시할 수 없을 것 같다. 할아버지는 장작을 패서 쟁여 놓았는데 겨우내 쓸 땔감이었다. 겨울에는 농한기로 할아버지가 만들어 준 썰매를 가지고 얼어붙은 논에 가서 신나게 놀았다. 손과 볼이 다 부르트고 콧물이 고드름이 될 때까지 놀았다. 지금 생각해도 행복했던 순간들이다. 보름날이면 했던 쥐불놀이는 논에 쌓아둔 볏짚을 태우기도

했다. 서로 새까맣게 된 얼굴을 바라보며 키득거렸다.

성인이 된 후, 산에 등산을 가게 되면 수북이 쌓여 있는 갈색의 솔잎을 본다. 갈퀴로 긁어모으고 싶은 충동이 일었다. 남편이 가끔 말한다. "아직도 솔잎을 긁고 싶어?" 충동이 사라지기까지 수북이 쌓여 있는 솔잎의 두께만큼 시간이 걸렸다.

5학년이 되면서는 10리나 떨어져 있던 읍에 있는 학교로 갔다. 6학년 오빠가 깃발을 들고 앞장서면 그 뒤를 따라다녔다. 방과 후 집으로 오다 배가 고프면 땅콩, 참외, 수박 서리도 했다. 단체 행동이라 그런지 별로 죄책감을 느끼지 못했다. 어른들도 암암리에 묵인했으니 당연하게 여겼는지도 모르겠다. 거리는 멀었지만 선배와 친구들이 있어서 힘든 줄 몰랐다. 당시엔 학교 폭력 같은 건 없었다. 고무줄놀이 도중 고무줄을 끊고 도망치거나 돌멩이 공기놀이를 방해하기도 했는데 폭력이라고 불릴 정도는 아니었다. 계획적으로 친구를 괴롭히고 때리고, 돈을 빼앗고 모욕감을 주는 행동은 보지 못했다. 이런 유년 시절이 있어서 다행이다. 자연과 더불어 살 수 있는 환경은 어쩌면 중요한 대상으로부터 결핍된 나의 정서를 채워주는 역할을 했던 것 같다.

상담 중에 만난 40대 후반 성미 씨가 생각난다. 부모에게 버림받아 수녀들이 운영하는 보육원에서 어린 시절을 보냈다. 여러 회기 상담을 진행하다 보니 문득 궁금증이 생겨서 나도 모르게 질문하게 되었다. "선생님에게는 혹시 어느 분이 부모를 대신하셨을까요?" 나는 내심 보육원을 운영하는 수녀님이나 신, 아니면 그 누구일까, 잠깐 생각을 했다. 그런데 참 뜻밖의 대답이었다. "네. 저에겐 보육원 뒤에 있는 숲이었답니다. 바로 거기에 있는 이름 모를 나무와 꽃들 그리고 새들과 가끔 나타나는 동물이었답니다." 머리를 한 대 얻어맞은 것 같았다. 나의 섣부른 고정관념을 내려놓고, 나는 어떤가 하고 되돌아보는 시간이었다. 그렇다. 자연은 누구한테는 부모 역할을 하기도 한다. 만약 우리에게 나무와 꽃과 풀이 없다면, 지저귀는 새와 각양각색의 동물이 없다면 어떨까? 생각만 해도 끔찍하다. SF영화를 보면 그런 삭막한 장면이 나온다. 영상이지만 '황폐'라는 단어가 연상된다.

내가 비록 못갖춘마디의 음표처럼, 그런 가정환경에 태어났어도 함께했던 자연에 감사하다. 항상 그 자리에 있어서 고마움을 모르고 지나칠 때가 많다.

아이들의 정서에도 자연만큼 좋은 것은 없다고 생각했다. 아이들 어렸을 적엔 되도록 많이 접하게 하려고 노력했다. 경기도 시흥에 살았을 때다. 평일엔 아이들이 학교 갔다 오면 집 밖으로 데리고 나가 올챙이를 잡았다. 집에서 키우다가 개구리가 되면 밖으로 방생했다. 봄엔 함께 쑥도 캐고 이름 모를 들꽃을 보고 향도 맡으면서 시간을 보냈다. 네잎클로버를 따느라 수많은 세잎클로버를 밟으면서 즐거워했다. '행복'이란 뜻의 세잎클로버에 미안하다. 시계꽃으로 시계와 반지를 만들었다. 주말엔 등산 다니면서 소나무 위에 올라가서 나뭇잎을 털어냈다고 자랑 아닌 자랑을 했다. 아카시아가 필 땐 배고파서 아카시아꽃도 먹었다는 얘기도 했다. 주말을 이용해 수목원은 거의 다 데리고 다녔다. 나중에 아이들이 잘 기억하지 못해서 서운한 마음마저 들었다. 컴퓨터 게임에 익숙한 아이들한테는 별 감흥이 없었을 것이다. 자연을 접하는 활동이 무의식 속에 있었는지도 모르겠다. 식물을 유난히 좋아하는 아들이 매월 꽃을 보낸다. 꽃 농장에서 정기권을 끊어서 보내고 있다. 엄마가 꽃을 좋아하기 때문이란다. 마지막 꽃이 질 때면 또 다른 꽃이 배달되니 계속해서 기쁨을 누리고 있다. 열심히 데리고 다닌 보상일까! 우리는 자연과 더불어 살아가는 존재다.

길바닥에 떼 지어 다니는 개미들을 통해서도 배우고 비바람을 그대로 맞으며 끄떡없이 버티는 나무로부터 배운다. 굳이 산에 가지 않아도 들려오는 새소리가 반갑고 풀벌레 소리도 운치 있다. 침대에 누워서 듣는 빗소리가 정겹고 겨울이면 온 세상을 하얗게 뒤덮으려는 듯 펄펄 내리는 눈 또한 감성에 젖게 한다. 가끔 뒷산에 가면 어떻게든 햇

빛을 받아보겠다고 기둥을 이리저리 비틀어 고개를 내미는 나무로부터 또한 생의 소중함을 배운다. 가끔 나타나는 고라니의 자태에 놀란 적도 있다. 고라니도 참 얼굴이 제각각이다. 잘생긴 수컷 고라니가 저 멀리 의연하게 서 있다가 사라졌는데 지금도 생각난다. 동물인데 어찌나 잘생겼던지 감탄사가 절로 나오는 고라니다. 바스락거리는 소리에 돌아보면 청설모가 열심히 바닥에서 무언가를 주워서 나무로 올라가는 모습을 볼 수 있다. 청설모나 고라니를 빤히 바라보면 그들도 경계하면서 쳐다보는데 나도 모르게 얼굴을 평가하고 있다. 동물도 이러한데 사람의 얼굴 생김새는 어떻겠는가. 괜히 웃음이 나온다.

  외국 여행을 다니다 보면 우리나라에서 접할 수 없는 장엄하거나 색다른 풍경에 넋을 잃고 바라보게 된다. 신에 대한 경외감과 자연이 주는 감동에 전율이 느껴진다. 위대한 건축물도 감동이지만 천혜의 자연환경에 압도당한다. 우주비행사의 우주로 비행하기 전, 자신의 존재감이나 가치감에 대한 교육을 받는다는 내용이 생각난다. 말로 표현할 수 없는 장엄한 우주의 광경 앞에 지극히 작은 존재로, 자신을 하찮은 자로 여길 수 있어서이다.

  우리는 위대한 자연 앞에 참 나약한 인간이다. 이렇게 연약한 인간이 문명, 문화를 이루고 살아가고 있는 모습을 보면 대단하다. 한 인간을 양육하는 일에 사명감을 가져야겠다. "만물을 잘 관리하고 다스리는 자"로서 살아가도록. 인간, 자연과 동떨어진 존재가 아니다.

"우리는 지구를 조상에게서 물려받은 것이 아니라, 자식들에게서 빌려 쓰는 것이다."

— 인디언 격언

10. 나를 지탱한 조용한 힘, 할머니

11세까지 나를 양육해 주었다. 할머니, 지금까지 생을 살아오게 한 큰 버팀목이라고 해도 과언이 아니다. 둘째를 낳기 전, 시골에 있는 아버지한테서 연락이 왔다. 당시에 아버지는 연로한 할머니와 함께 있었다. 엄마와 우리한테는 아무것도 하지 않았지만 그나마 다행이란 생각이다. "할머니께서 아무래도 오래 사시지 못할 것 같다."라고 했다. 감기였는데 아버지의 직감이었을까. 어린 딸을 데리고 비행기를 탔다. 광주 공항에 도착했다. 시골집까지 어떻게 갔는지 잘 기억나지 않는다. 사랑하는 나의 할머니. 내 눈엔 많이 아파 보이진 않았는데 그렇게

라도 볼 수 있어서 좋았다. 할머니 옷을 빨고 마당 빨랫줄에 널었다. 할머니가 방문을 열고 물끄러미 나를 쳐다봤다. 그 눈빛이 마지막이었다. 그 장면이 아직도 선명하게 남아있다.

초등학교 5학년 끝 무렵, 갑자기 엄마가 시골집에 왔다. 공부를 안 한다는 이유로 나를 광주 큰외숙모 집으로 전학시켰다. 할머니와 헤어졌다. 어쩌다 시골집에 내려가서 보면 내 사진을 벽에 붙여 놓고 기도한다고 했다. 나를 위해 기도하면 내 사진에 꽃이 핀다고 했다. 그 뜻이 궁금하면서도 한편으론 부담됐다. '삶을 바르게 잘 살라'라는 의미로 받아들이고 해석하려 한다. 할머니랑 함께 살았던 어느 날, 앞집 친구가 우리 집 광에서 쌀을 퍼갔다. 할머니한테 일렀다. 그때 내 소매를 조용히 잡아 이끌었다. "쉿! 조용히!" 우리 집도 가난한데 내 친구네는 더 가난했었나 보다. 그 친구 아버지가 세상을 일찍 떠났다. 할머니는 누구보다 앞장서서 그 집 일을 도왔다.

인생이란 참 알다가도 모를 일이다. 우리 할머니는 이미 오래전 젊은 나이에 세상을 떠났을 수도 있었다. 할머니가 결혼하고 고모와 아빠를 낳았다. 할머니의 시어머니와 시동생까지 함께 살았을 때 병이 들었다. 아무리 약을 쓰고 광주에 있는 큰 병원에 가서 진찰하고 치료해도 효과가 없었다. 병원에서조차 치료 방법이 없다고 내놨다. 어린 남매를 두고 세상을 떠날 수 없는 처지에서 최종적으로 매달릴 수 있는 것은 '신'뿐이었던 것 같다. 살기 위해 무당을 불러 굿을 했다. 절에 가서 불공도 드려보고 할 수 있는 것은 다 했는데도 차도가 없었다. 그 후로 할머니는 날마다 울면서 잠들었다. "신이 계시면 나 좀 살려 달라"고 애원했다. 그 절절한 마음이 통했을까. 어느 날 할머니 꿈에 "내가 예수라"라고 하면서 머릿속에서 누에 코치 같은 벌레를 꺼내주었다. 즉시로 병이 나았다. 할머니는 그 길로 10리나 되는 먼 길을 걸어 교회를 다녔다. 할머니가 사는 동네이자 내가 태어난 '파평 윤씨' 집성촌인 작은 마을에는 교회가 없었다. 그래서 예수를 몰랐다. 병 고침을 받았는데도 증조할머니는 농번기에 교회 가는 할머니를 보고 못마땅해했다. 할머니는 체험적인 신앙을 꿋꿋이 지켰다. 헌금할 돈이 없었다. 할머니는 밥을 지을 때마다 식구들 수대로 한 숟가락씩 쌀을 따로 모았다. 그것을 들고 교회에 갔다. 정갈하게 입고 쌀자루를 들고 교회로 가는 모습이 그려진다.

할머니가 큰 외손자네, 수원에 사는 사촌 오빠 집에 다녀간 적이 있다. 사촌 오빠가 말해서 알았다. 시골집에서 주 1회씩 삼삼오오 모여 구역예배를 드렸다. 할머니 차례가 오면 교인들 몇 명이 모여 예배드리고 밥을 먹었다. 믿음이 없었던 새엄마가 불평불만을 했다. 그래서였는지 우연인지, 새엄마가 그만 입이 돌아가고 말았다. 할머니가 안 수 기도해서 나았다고 했다. 오빠네 아이들이 아파트 베란다에서 병아리를 키웠다. 중간 정도의 닭이 된 어느 날 다리가 아픈지 닭이 한 발로만 다녔다. 할머니가 그 닭에게 안수해서 낫게 했다. 할머니는 사촌 오빠가 다니던 교회에 가서 예배를 드렸다. 그 교회 성가대가 찬양을 부르면 아기 천사들이 내려와서 찬양을 금 그릇에 담아 올라간다고 했다. 순수하고 순전한 신앙으로 영안이 열려 있음을 알 수 있었다. 혼자, 신앙생활 쉽지 않았다. 그럼에도 불평, 불만을 한 기억이 없다. 묵묵하게 시어머니와 남편이 원하니 때마다 제사 음식을 준비했다. 아마도 집안 분란을 일으키고 싶지 않았을 것이다. 증조할머니가 98세에 세상을 떠났다. 시모 시중을 잘 받들어 나라에서 주는 '효부상'까지 받았다. 신앙과 삶이 일치된 모습을 보였다. 지금도 나는 제일 존경하는 사람 위치에 우리 할머니를 당당하게 올려 드린다.

절박하고 우울로 인해 몸과 마음이 지치고 힘들 때, 차라리 딱 죽었으면 좋겠다는 생각에서 헤어나지 못하고 있을 때, 기도하는 할머니가 나를 붙들었다. 돌아가신 할머니가 꿈에 나타난 적도 있다. 몸까지 많이 아파 죽고 싶다는 생각을 더 많이 할 때, 할머니가 내 손을 잡더니 이쑤시개로 콕! 콕! 손을 찍어주면서 "그래도 이생이 더 낫다."라고 말했다. 아직도 그 꿈은 이해되질 않는다. 그 뒤로 몸이 안 아프게 됐으니 신기한 일이다. 아마도 이 세상을 떠날 때 나를 마중 나올 분. 할머니가 있어 내가 지금 여기에 있다. 그런데 아직도 의아한 것이 있다. 어쩌다가 시골에 가면 "교회에 다니지 그러니. 다녀라!"라고 말하지 않았다. 그냥 그저 묵묵히 기도만 한 것이다. 할머니가 말했더라면 더 빨리 신앙을 갖게 되었을까. 천국에 가면 왜 그랬냐고 물어봐야겠다.

1954년, 미국의 심리학자와 과학자 등이 하와이 근처에 있던 작은 섬인 '카우아이' 섬에서 종단 연구에 착수하게 된다. 카우아이섬은 영화 〈쥬라기 공원〉의 배경이 될 정도로 아름답다. 하지만 1950년대 이 섬은 마약, 미혼모, 미성년자 임산부, 폭행, 이혼 등으로 얼룩진 곳이었다. 1995년에 태어난 아이 833명 전체를 대상으로 성인이 될 때까지 추적조사를 했다. 실험 결과는 과학자들이 예상한 '불행한 인생을 살 것'이라는 방향으로 흘러갔지만, 심리학자 에미 워너는 한 가지 사실을 발견한다. 833명의 아이 중 가장 열악한 환경 속에 있던 고위험군 201명을 조사했다. 특이한 점이 있었다. 고위험군이라 더 심한 일탈로 이어질 것으로 예상했지만, 그들 중 3분의 1인 72명은 그렇지 않았다. 그들은 누구보다 평범한 삶을 살고 놀라울 정도로 밝고 매력적이었다. 또한 SAT 성적도 전미 상위 10% 안에 들었고, 학교 성적은 항상 상위권이었다. 에미 워너는 연구의 방향을 바꿔 72명을 조사한다.

이들이 역경을 이겨낼 수 있었던 것은 '회복탄력성'이라고 한다. 회복탄력성의 가장 중요한 요인은 '나를 무조건 믿어주는 사람'이 적어도 한 명은 있어야 한다는 것이다.

며칠 전 TV에서 소록도에 거주하는 한 남자분이 말했다. 청소년기에 한센병인 것을 알았다. 가족을 떠나 소록도로 갔다. 본인을 낳아 준 어머니보다 더 엄마 같은 분을 만났다. 그 어머니 덕에 살 수 있었다는 것이다.

사람이 지치고 힘들 때 그것을 견디는 힘은 무엇일까? 두말할 필요도 없이 그 사람을 향한 무조건적인 믿음과 사랑이다. 그 사랑이 삶을 살아가게 하고 견디게 한다. 물리적으로 떨어져 있어도 그 사람을 생각하고 위해서 하는 기도는 위력이 있다. 나는 누구를 무조건 믿어주고 사랑하고 있는가. 나는 누구한테 그런 존재인가. 자문해 볼 일이다. 주위에 아무도 없다면 그래도 괜찮다. 부모는 나를 낳아 준 생물학적 존재이다. 불완전하고 언젠가는 우리 곁을 떠난다. 나를 사랑하고 아껴주는 배우자도 마찬가지다. 친한 친구도 또한 그렇다. 나를 가장 잘 아는 사람은 바로 나 자신이다. 내가 나를 알아주고 인정하면 된다. 신을 믿는 사람이라면 그 대상이 신이 될 수도 있다. 그 신이 말할 것이다. "나는 너를 믿는다. 나는 너를 조건 없이 사랑한다."라고. 성경에 의인을 부르지 않았다. 죄인을 불렀다. 그 죄인을 불러 신의 형상으로 회복되기까지 사람, 환경, 말씀을 통해 다듬어 간다.

"고맙습니다. 나의 할머니."

 채근하지 않고 나를 믿어주고 기도하고 기다려 줘서 감사하다. 할머니의 기도대로 이생에서 잘 살고 생을 마감할 때 제일 먼저 마중 나올 할머니를 그린다. 결혼 전에 딱 한 번 할아버지를 만난 남편이 할아버지 얘기를 할 때가 있다. 결혼한다고 인사를 갔었다. 언제 도착할지 모르는 우리를 아침부터 동구 밖에서 기다리고 있었다. 그렇다. 나의 삶의 뿌리가 된 분들이다.

"오늘의 나를 만든 시간들, 그 시작에는 언제나 당신들이 있었습니다. 존재만으로 축복이었고, 삶의 토대였습니다. 저도 그렇게 우리 아이들의 뿌리가 되고 싶습니다."

3장
사랑에서 진로까지, 청소년기의 성장

청소년기는 인생이라는 긴 여정 속에서 자아의 뿌리를 내리는 시기다. 그러나 나에게 청소년기는 '성장'이라기보다 '생존'의 시간이었다. 세상은 진로와 꿈을 묻지만, 나는 오늘을 어떻게 버틸지부터 고민했다. 사랑받지 못했다는 상실감, 비교에서 오는 열등감, 어디에도 속하지 못한다는 이방인의 마음. 누군가는 사춘기를 통과하며 자신을 발견했다지만, 나는 그저 존재하기 위해 버텼다. 그러나 그 시간 속에도 몇 번의 '질문'이 있었다. 나는 왜 태어났을까? 나도 사랑받을 수 있을까? 이렇게 살아야만 하는 걸까? 아무도 대답해 주지 않았지만, 그 질문들이 나를 붙들고 있었다.

이 장에서는 엄마와의 동거로 인한 더부살이의 수치심과 교회에서 처음 마주한 '사랑'이라는 단어, 그리고 삶의 방향을 찾고 싶어 안간힘 썼던 청소년기의 치열한 내면을 이야기하고자 한다.

누군가에게는 당연했던 보금자리가 나에게는 간절한 희망이었다. 단 한 사람이라도 '나의 이야기'를 읽고, 자신 역시 특별한 존재임을 떠올릴 수 있기를 바란다. 그 시절의 나는 분명 애벌레 같았지만, 지금은 안다. 애벌레였기에 나비가 될 수 있었다는 것을.

1. 엄마한테 오다

기대가 크면 실망도 큰 것일까? 전혀 예상하지 못했던 삶이 시작됐다. 엄마는 중학교를 졸업하지 못했다. 외할머니는 맏이인 엄마를 비롯해 여섯 명의 자녀를 두고 암으로 세상을 떠났다. 엄마는 다니던 학교를 그만두고 그때부터 외할머니 대신 엄마 역할을 했다. 설상가상으로 경찰이었던 외할아버지까지 친구랑 사냥 갔다가 사고를 당했다. 친구가 쏜 총에 맞아 엄지손가락을 다쳐 경찰직을 그만두었다. 그 후로 한 번도 해본 적 없는 농사일을 시작하게 됐다. 외할아버지는 일을 잘하지 못했다. 엄마 표현에 의하면 입으로만 일하는 사람이었다. 엄마는 밥도 짓고 빨래도 하고 일꾼들 새참도 해야 하는 그야말로 어린 노동자로 살았다. 그런 삶을 살다가 결혼이라고 했는데 도박 중독자인 아버지를 만났으니 참 기구한 인생이다.

중학교 문턱만 밟은 엄마가 할 수 있는 일이란 남의 집 가정부 일이 전부였다. 집 나간 지 5년째 되던 해에 엄마가 시골집에 갑자기 나타났다. 들로, 산으로 돌아다니기만 하고 공부는 하지 않는다는 이유로 나를 도시의 큰외숙모 집으로 전학시켰다. 외숙모 집에 초5 후반부터 중2까지 있었다. 중3, 서울에 사는 엄마한테 오게 되었다. '친척 집보단 낫겠지.' 하고 나름대로 기대했다. 설레기도 하고 궁금하기도 했다. 엄마랑 같이 살아본 기억이 없어서 한편으론 막막하기도 했다.

외숙모는 엄마한테서 생활비를 받아서 내 용돈으로 줬다. 엄마가 제때 돈을 보내지 않는 경우가 가끔 있었다. 그래서 외숙모한테 용돈을 달라는 속마음을 제대로 말하지 못할 때도 있었다. 먼 거리를 걸어서 다니기도 했다. 물론 큰 외숙모, 외삼촌은 좋은 분들이다. 나만 지레 눈치를 보는 거였다. 친척 집에 살면서 눈치만 늘었는지 엄마가 살고 있는 집에 도착하자마자 어떤 상황인지 짐작됐다. 기대가 너무 컸던 탓일까, 다리 힘이 풀렸다.

엄마가 일했던 주인집이 새벽 장사를 했다. 그 집의 시어머니, 즉 어르신과 나, 엄마가 같은 방에서 생활했다. 방이 얼마나 작던지 새우처럼 구부리면서 잠을 청했다. 몸은 어떻게든 적응하겠는데 그 할머니의 못마땅해하는 표정과 말투와 행동이 나를 힘들게 했다. 차라리 내가 무딘 사람이었으면 좋았을 것을. 나는 이미 눈치가 빠른 사람이 되어 있었다. 엄마는 그 집이 직장인데 내 눈에 보이는 엄마의 일 또한 외면하고 싶었다. 그렇지 않아도 힘든 일에다 내가 있어서 더 눈치 보게 되는 것 같았기 때문이다.

중3, 남들은 사춘기라고 하는데 나는 그럴 여력도 없었다. 내담자로 만난 북한 이탈 주민을 통해서도 생존의 문턱에선 "사춘기는 사치다."라는 말을 들었다. 엄마는 힘들게 번 돈을 이자를 받기 위해 빌려줬다. 그 사람이 돈을 갚지 않는다는 이유로 밤마다 그 집에 가서 자게 했다. 아무리 가고 싶지 않다고 해도 소용없었다. 30대 초반의 젊은 부부와 초등생 두 아이가 있는 집으로…. 지붕에서 비가 새서 대야를 방에 두고 자는 집이었다. 그 방에서 함께 잠을 잤다. 날마다 가기 싫다고 애원했다. 한번 입에서 말이 떨어지면 반드시 행동해야 멈추는 불같은 성격의 소유자, 엄마의 명을 거역할 수 없었다. 어쩌면 주인집 할머니 눈치도 한몫했을 것 같다. 무서워서 잠을 자는 둥 마는 둥 아침에 다시 엄마가 있는 집으로 와서 밥을 먹고 학교로 갔다. 그때부터 나는 나에게 질문했던 것 같기도 하다.

"너 왜 태어났니?"

"차라리 태어나지 말지 그랬어!"

나에게 삶이 무슨 의미가 있지. '엄마한테 오면 그래도 더 낫겠지.'라고 생각했던 것과는 도무지 거리가 먼 이 상황은 무엇이지. 심지어 엄마는 소통이 안 된다. 내가 밥을 해 먹을 테니 방 하나만 얻어 달라고 부탁해도 미동도 없었다. 어리고 여자라는 이유로 안심이 안 된다고 했다. 당시에는 융통성 없는 엄마라고만 생각했다. 출퇴근하는 방법도 찾아보면 있었을 텐데 익숙한 일에서 벗어나기엔 엄마도 감당할 힘이 없었던 것 같다.

요즘, 자활센터 강의를 가면 당시의 우리 환경이 생각난다. 친척도 누구도 도움을 주지 않은 상황에서 엄마 혼자 나를 키우고 동생을 키우려고 애를 썼다. 당시에 왜 이런 기관이 없을까 하고 생각했다. 현재, 가난이 지속되는 삶을 사는 사람들이 많다. 직업을 갖고 싶어도 막연하고 막막해서 엄두가 나지 않을 수 있다. 이럴 때 자활센터나 복지관 등의 도움을 받으면 좋겠다.

부모라는 책임감에 나를 키워보겠다고 한 엄마. 동생이 죽고 난 후 나랑 함께 살고 싶다고 했을 때 나는 정말이지 하늘이 무너지는 것 같았다. 왜냐하면 엄마랑 나는 너무 다른 성향으로 맞지 않는다고 느꼈기 때문이다. 하지만 알고 있었다. 동생이 그렇게 되지 않아도 결국엔 엄마는 나랑 함께 살아야 한다는 것을…. 동생이 아주 착하다. 하지만 엄마랑 동생은 함께 살 수 없다는 것을 직감으로 알았다. 결혼할 때 남편한테 한 말도 있다. "나중에 엄마가 나이 들면 내가 모시게 될 거야." 그렇게 말하고 다짐까지 해놓은 상태인데도 엄마의 함께 살고 싶다는 말은 나를 놀라게 했다. 이렇게 빨리 올 줄은 몰랐다. 나이가 많이 들어서 올 줄 알았는데 생각보다 너무 일찍 함께하게 됐다. 엄마랑 함께 살게 되면서 남의 집에 가서 자게 한 그 일을 따지듯이 말한 적 있다. 그때 아무리 돈을 받을 수 없다고 해도 나한테 그렇게 하는 것은 잘못된 요구였다. 엄마는 미안하다는 말은 뱉지 못하고 속으로 끙끙 앓는 소리를 했다. "미안하다."라는 말이 그렇게 어려울까? 그 말이 목까지 차오른 느낌을 받았다. 그래도 입 밖으로 절대 내뱉지 않았다. 최후의 자존심이라고 생각하는지도 모르겠다. 부모라도 다 옳은 법이 없고 완벽하지 않다. 잘못할 수도 있고 실수할 수도 있다.

미안하면 미안하다고, 고마우면 고맙다고 말할 수 있으면 좋겠다.

더부살이처럼 내가 있어서 더 힘들었을 엄마의 생활을 생각하면 안쓰럽다. 어떤 때는 제대로 못 한다는 핀잔을 들어가며 청소하고 부엌일을 했다. 나와 함께한 첫 집은 빨래를 밖에서 했는데 겨울이면 얼마나 추웠던지 엄마 손이 부르텄다. 그렇게 엄마는 생계를 책임지기 위해 아침부터 저녁까지 분주하게 일했다. 돈을 더 모아보겠다고 계를 들었다가 받지 못했다. 힘들게 번 엄마 돈을 떼먹은 사람들은 지금도 이해할 수 없다. 어떻게 벌었는지 아는 돈이기 때문이다. 내가 못마땅했는지 주인 할머니로 인해 일을 그만뒀다. 몇 개 안 되는 짐을 가지고 엄마와 나는 야반도주하듯이 그 집을 나왔다. 캄캄한 밤에 짐 보따리를 들고 다른 집으로 가는 버스에 몸을 실었다. 마치 보따리 든 유목민 같은 느낌이었다.

내가 만약 엄마와 같은 처지에 놓였다면, 나도 엄마처럼 힘든 일을 하면서 자녀를 키울 수 있었을까? 자신은 없지만, 그래도 어떻게든 삶을 책임지려 했을 것이다. 지금 나는 내가 하는 일을 좋아한다. 하지만 그 어떤 성취도 가족을 앞설 수는 없다. '엄마'라는 단어 안에는, 말로 다 담을 수 없는 어떤 강한 힘이 있다. 지금 엄마와 함께 살고 있지만, 여전히 우리는 평행선을 걷는 것 같다. 엄마 눈에 나는 아직도 초등학생이나 유치원생 수준이다. 엄마의 말은 늘 걱정을 담고 있지만, 내겐 잔소리처럼 들린다. 그럼에도 나는 안다. 나를 아이처럼 노심초사 바라봐 주는 사람, 바로 엄마다.

"어머니는 인류가 입술로 표현할 수 있는 가장 아름다운 단어이다."

– 칼 힐 지브란

2. 난 애벌레, 넌 나비

밤에 간단한 옷가지만 챙겨 도착한 집은 강남에 있는 부잣집이었다. 주인집 가족은 50대 부부와 20, 30대 남매였다. 엄마랑 나는 부엌방에서 거주했다. 주인이랑은 거의 마주칠 일이 없었다. 어쩌다 마주치면 눈길은커녕 말 한마디 없는 그들에게서 나는 스스로 '나와 다른 사람들이구나!'라고 생각했다. 나를 없는 사람 취급하는 데서 오는 무존재감으로 스스로 나비가 아닌 '애벌레'라고 느꼈다. 그들이 사는 모습과 내가 사는 모습은 달랐다. 친구들도 80년도에 보기 힘든 아파트와 고급주택에 살았다. 잘 사는 것만이 아니라 가족 간에 화목했다. 다 잘 사는데 나만 왜 이리도 박복한지. 아버지란 사람은 나한테 무엇인지. 질문이 올라왔다. 고등학교 교복을 입고 그 집을 들락거릴 때 누군가가 나를 보면 어쩌나 주위를 살폈다. 내 집인 것처럼 오해하면 어떡하지. 난 이 집 가정부로 일하는 엄마의 더부살이 딸인데. '오해받고 싶지 않아. 난 애벌레인걸.' 아침에 일어나면 가방을 메고 학교 갔다가 와서 잠만 잤다. 그나마 학교에서는 나의 생활을 비밀로 하고 그럭저럭 친구들과 지냈다. 집에 들어가면 엄마가 힘들게 일하는 모습을 보는 것도 편치 않았다. 혼자 덩그러니 작은 방에 있다가 잠들곤 했다.

'차라리 빨리 죽었으면 좋겠는데 나한테 이런 삶이 무슨 의미가 있담!' 세상에 대해 미련도 희망도 사라졌다. 이유는 모르겠지만 그 집으로 온 지 얼마 지나지 않아 엄마는 또 주섬주섬 옷을 챙겼다. 밤에 택시를 타고 다른 곳으로 갔다. 이번에는 가정집이 아니라 공장이었다.

넓은 마당 한 편에 공장이 있었다. 엄마와 나는 공장 반대편의 식당이 딸린 방에서 생활했다. 엄마는 공장 직원들 밥을 했다. 교복 입고 학교 갔다가 오면, 공장 직원들이 담배를 피우며 던지는 눈빛이 왠지 모르게 불쾌했다. 괜히 짜증이 나 방에 들어와 꼼짝하지 않았다. 마음이 불편하고 몸도 아팠다. 더 깊은 우울감이 찾아왔는데 정말 죽고 싶었다. 어떡하면 죽을 수 있을까. 방법은 모르겠지만 죽고 싶은 생각만

들었다. 한참 웃고 떠들어도 시원찮은 나이에 나는 죽음만을 생각하는 사람이 되었다. 몸이 천근만근 무겁고 아팠다.

얼마나 되었을까. 공장 일을 그만두었다. 이번에는 장사하는 집으로 갔다. 30대 초반 부부와 유치원에 다니는 어린 남매가 있었다. 나중에 들은 이야기이지만 그 부부가 나한테 서운하다고 했다고 한다. 애들과 놀아주고 공부도 가르쳐주었으면 하는 기대가 있었다. 그들과 함께 있으면 오붓한 가족들 생활을 방해한다고 생각했다. 도둑 밥 먹듯이 얼른 밥만 먹고 방으로 들어와 칩거 생활을 했다. 만약 내가 주인의 요구를 알았다고 해도 자신 없었다. 내가 있어야 할 자리가 아닌 것 같고 어색했기 때문이다. 아니면 회피적인 성향과 환경이 나를 그렇게 만들었는지도 모르겠다. 내 행동이 그들이 요구하는 것과 맞지 않아서인지 또 다른 집으로 가게 됐다.

여기저기 옷 보따리를 들고 옮겨 다니는 삶이 비참하게 느껴졌다. 옮겨가는 집이 어떤 집인지도 전혀 정보가 없었다. 옮겨 다니면서 엄마 마음까지 살필 겨를이 없었다. 어쩌면 그러고 싶지 않았는지도 모르겠다. 자주 옮겨야 하는 이유 중 하나가 더부살이인 나 때문이라고 생각하기도 했다. 물어볼 자신이 없었다. 만약 "그렇다."라고 답하면 할 말을 찾지 못했을 것 같다. 엄마는 옮겨가면서도 이유는 말하지 않

있는데 나도 묻지 않았다. 방 한 칸 없는 나와 엄마. 당시에 가정부를 쓰려면 여유가 있는 집인지라 굳이 비교해 가면서 나를 더 비참하게 만들었다. 형편과 처지에 대한 불만이 깊어졌다.

남들과의 비교는 결코 유익함이 없는 것 같다. 자신의 환경을 탓하는 한없는 피해의식, 비교 의식은 경계해야 할 필요가 있다. 당시에 나만 힘들게 산다는 생각에 매몰되었다. 열등감에 사로잡혀 나 자신을 성장시키기보다는 나를 힘들게 하면서 에너지를 써버렸다. 엄마는 내 속을 알고 있었을까? 엄마가 방에 들어오면 엎어져 있다가 책을 보는 척했다. 나를 위해서 고생하고 있었는데도 지금 생각하면 철도 없고 어리석다. 눈은 엄마가 하는 일을 보면서도 의욕이 없었다.

나처럼 열등감에서 헤어 나오지 못한 사람들이 있을 것이다. 지금은 SNS로 인해 더 쉽게 비교가 된다. 보이는 것 이면에는 저마다의 삶의 무게가 있고 아픔이 있다는 것을 알았으면 한다. 내가 처한 조건과 환경이 최악인 것 같이 보여도 나보다 아픈 사람들도 많다. 상담하면서 어려운 환경에 처한 사람들을 많이 만났다. 상담 자체만으로 나의 아픔이 더 작게 느껴졌다. 아프지 않은 인생은 이 지구상에 없을 것 같다. 돈이 많고 명예가 하늘에 닿는 사람도 저마다의 고민과 고뇌가 있다. 다만, 저마다의 아픔을 안고도 더 나은 삶을 살려고 애쓴다. 아니 그냥 살아간다. 그것이 인생이다.

우리는 자연을 통해서도 배울 수 있다. 큰 태풍이 지나가면 뿌리가 뽑혀있는 나무를 보게 된다. 기둥도 튼튼하고 뿌리도 건강해 보이는데 처음엔 얼른 이해되지 않았다. 맞다. 큰바람에 맞서는 나무가 뿌리째 뽑혀있다. 오히려 상황에 맞춰 몸을 유연하게 움직이는 나무는 거센 태풍이 와도 거뜬하게 이겨낸다. 물론 맞서야 할 때도 있지만 그냥 받아들이는 것이 현명할 때가 있다. 원치 않은 환경이라고 탓하고 불평, 불만만 한다고 해서 달라지는 것은 없다. 지독한 환경에서도 훌륭하게 살아낸 사람들이 있다. 그러니 굳이 자신을 불행의 주인공으로 만들지 말자.

우울증으로 내방했던 내담자가 회복되자 양양으로 서핑하러 다닌다고 했다. 서핑하면서 지켜야 할 원칙이 있다고 하면서 인생과 비슷하다고 했다. 큰 파도가 몰려올 때 자세를 낮추거나 바짝 엎드리지 않으면 크게 다치거나 죽을 수도 있다고 한다. 바람을 타는 나무처럼 파도에 맞춰 몸을 맡겨야 한다는 것이다.

쓰나미처럼 원치 않은 일을 당할 때, 왜 나한테만 이런 일이? 원인만 찾아 헤맨다면 해결책을 찾기가 더 힘들다. 'Why'보단 'How'에 초점을 맞추면서 벗어날 필요가 있다. 원치 않은 '나'도 내가 처한 조건도 또한 '나'임을 인정하고 받아들일 때, 다시 성장할 수 있다. 나를 믿어주고 지지해 주는 그 한 사람이 '나'임을 잊지 말자. 애벌레인 나도 괜찮아. 남들보다 뛰어나지 않아도 괜찮아. 난 그대로 특별한걸. 인생을 100m 달리기라고 할 때, 앞에서 출발한 사람도 있고, 제자리에서 출발한 사람, 뒤에서 출발한 사람도 있다. 우리 사회는 똑같은 결과를 원할 수도 있지만, 자기 자신은 안다. 어느 지점에서 출발했는지.

"당신 자신을 다른 사람들과 비교하지 마라. 왜냐하면 당신은 그들의 삶의 여정이 어땠는지를 전혀 모르지 않는가."

— Regina Brett

3. 지푸라기라도 잡은 심정으로, 사랑 타령

　엄마의 새로운 일터는 넓은 정원이 있는 주택이었다. 엄마와 나는 부엌 딸린 방에서 지냈다. 내가 다니는 고등학교와는 멀었다. 노량진에 살고 있었는데 학교는 강남 끝자락에 있었다. 당시만 해도 전철노선이 많지 않아 버스로 다녔다. 콩나물시루 같은 버스를 타고 한참을 갔다. 버스에서 내려서 약간 가파른 언덕에 있던 학교까지 올라가면 숨이 찼다.
　살고 있던 집 앞에 공터가 있었는데 어느 날 불도저가 와서 땅을 파기 시작했다. 무슨 건물이 들어설까. 무심코 지나치다가 공사 현장에 걸려있는 플래카드를 봤다. '교회 신축공사'라는 문구가 적혀있었다. 교회가 생기는구나 하고 혼자 무심코 지나쳤다.

몇 개월 후 교회가 완성되어 갔다. 궁금증이 생겼다. '저기에 무엇이 있어서 일요일마다 깨끗하게 차려입고 성경책을 들고 교회 안으로 들어가는 것일까!' 내가 모르는 무엇이 있을까. 지푸라기라도 잡고 싶었다. 엄마한테 일요일에는 도서관에 간다고 거짓말하고 집을 나왔다. 쭈뼛쭈뼛 교회 입구에 서성거리고 있자니 어떤 학생이 교회에 왔냐면서 지하실로 인도했다. 그곳은 바로 학생들만 모이는 예배 장소였다. 나를 자리에 앉히고 예배 순서에 맞춰서 찬양했다. 그러더니 부회장인 어떤 여학생이 기도했다. 웬일이지, 나도 모르게 눈물이 흘렀다. 그러면서도 마음 깊은 곳에서는 강한 저항감이 올라왔다. 바로 '사랑 타령' 때문이었다. 하나님이 우리 모두를 사랑한다는 것이다. 아니 절대자인 하나님이 나를 사랑한다는 것이다. 거짓말! 나를 사랑한다면 왜 거지 같은 환경에 던져놓고 사랑 타령이냐고 소리소리 지르고 싶었다. 그렇게 정신없이 첫 예배를 드리고 나왔다.

'다시는 가지 말아야지.' 도대체 누가 누구를 사랑한다는 거야. 사랑한다면 적어도 이런 환경은 아니잖아. 난 내가 너무 비참하다고. 죽고 싶은데 죽을 용기조차 없다고. 남의 집에서 전전긍긍하며 사는 엄마도, 더부살이로 사는 나도 너무 비참해. 그런 나를 보고 사랑 타령, 해도 너무 하네. "그런 당신이 창조주라고!" 삿대질해가며 혼자 눈물을 쏟아냈다. 사랑 타령에 합당한 사람들만 다니는 곳이지, 나하곤 무슨 상관이람. 당신들은 나와 달라, 좋은 환경에서 잘 차려입고 밝은 얼굴로 예배라고 하는 것을 드리잖아. 누가 보나 안 보나 엿보다가 남의 집을 들락날락하는 나의 입장이 되어 보란 말이야. 누군가 그 집에 들어가는 것을 보면 '쟤는 저런 집에서 사는구나' 하고 오해하면 어떡하지. 나는 이 집 가정부 딸이야.

한가롭게 사랑 타령, 그 사랑이 뭣인데? 그 사랑이 비참하게 찌그러진 깡통 같은 나를 펴서 사람처럼 살게 하냐고. 도대체 입이 있으면 말해보라고. 당신이 신이 맞아? 그러면 왜 나를 이렇게 비참하게 만들어. 나는 더 이상 아무런 희망도 없어. 그러니 나를 데려가 줘. 이 세상은 내가 살 곳이 아니야. 몸도 약하니까 잘됐네. '사랑한다면 나를 빨리 데려가 줘. 그게 사랑이야.'라고 혼자 악다구니를 쓰고 울다가 지쳐 잠이 들었다. 다시는 가지 말아야지 다짐했는데 일요일이 되자, 나는 또 주섬주섬 옷을 입고 교회로 향했다.

또 초반부터 사랑 타령이다. 찬양을 들어도, 기도를 들어도, 말씀도. 그렇게 사랑 타령과 맞대응한 지 몇 주가 지났을까. 교회에서 준 성경책을 방 책꽂이에 얹어놓았었다. 어느 날 학교 갔다가 집에 오니까 성경

책이 없어졌다. 교회 다니는 것을 안 엄마는 좋아하진 않았다. 그렇다고 성경책을 없앨 정도로 반대하진 않았다. 엄마한테 "성경책 어디 있냐고?" 소리를 질렀다. 뭔가 불길한 예감이 들었다. 주인이 여관을 운영했는데 불교 신자였다. 같은 집에 두 종교가 있으면 사업이 안 된다는 이유로 성경책을 불에 태웠다고 했다. '참 거지 같구나!' 이런 것까지 우리 탓, 아니 종교 탓을 하다니. '어른이 맞나?' 하는 생각이 들었다. 엄마도 주인집이 그러니 다니지 말라고 덧붙였다. 하지 말라고 하니 더 하고 싶었다. 청개구리 심보가 작동했다. '그래 두고 보자. 내가 더 열심히 다닐 테니.' 그 뒤로도 눈을 피해가며 다녔다.

교회 친구들도 사귀고 나름대로 그 사랑이 조금씩 스며들었다. 하지만 말하지 못했다. '우리 엄마가 가정부라고, 사실은 사는 집이 우리 집이 아니라고' 몰래몰래 숨어서 다녔다. 나에게 특별히 관심 두는 이성 친구가 있었다. 마치 내 집 배경을 오해해서 나를 좋아하는 것 같아 매몰차게 거절했다. 학교 친구들한테도 왜 떳떳하게 말하지 못했는지 후회된다. 바로 거짓말이 거짓말을 낳기 때문이다. 방 한 칸 없는 처지였다. 말은 하진 않았지만 큰 집이 마치 우리 집인 것처럼, 아버지는 볼 수도 없는 존재이지만 마치 아버지가 있는 것처럼 되어버렸다. 양심은 말한다. 너 거짓말이잖아. 너 더부살이잖아. 엄마는 가정부, 아버지는 도박 중독자, 너는 그 아버지의 딸. 아니, 딸로도 인정받지 못하는 자. 쉼 없이 내 양심이 말 걸어온다. '진짜 나는 누구지?'

청소년의 뇌는 '공사 중'이라는 말이 있듯이 정체성에 대한 혼란을 겪는 시기다. 자신에 관한 질문도 많다. 이혼 증가, 경제적인 어려움, 가족 중심에서 개인의 행복과 자아실현의 중시 등 가치관이 변화하는 사회에 살고 있다. 현재 힘든 청소년기를 지나고 있는가? 쉼터에 있는 중, 고 청소년들 대상으로 강의했다. 단체 생활이 힘들어도 집으로는 가고 싶지 않다고 했다. 우리 아이들도 외할머니의 공부 스트레스에 기숙사가 있는 고등학교로 피했다. 피할 수 있으면 피하는 것도 방법이다. 그만한 노력이 필요하다. 쉽진 않겠지만 원치 않은 상황과 환경 탓만 하다가 소중한 시간을 허비하지 않았으면 한다. 질풍노도의 시기를 지나가고 있는 것만으로도 잘하고 있다고 스스로 위로하자. 환경과 능력이 어떠하든 한 인간으로서 얼마나 소중하고 보배로운 존재인지 말하고 싶다. 그것을 너무 늦게 깨달았다. 탓만 하면서 지냈다. 결코 나의 성장엔 도움 되지 않았다.

아들이 강아지를 키우고 있다. 어미 젖을 한 달 반 정도 먹이고 젖을 뗀 후 집에 데리고 왔다. 그 강아지가 왜 나를 어미 개한테 떼어 놨느냐고 불평만 하고 먹지도 않고 자지도 않는다면 어떨까. 자기 자신을 끊임없이 괴롭히고 힘들게 하는 꼴이 될 것이다. 강아지는 금방 새로운 환경을 받아들이고 적응해 갔다. 본능적으로 생존하려는 욕구 때문이다.

인간은 다르다. 물론 우리도 적응하며 살아가지만, 그 과정은 훨씬 복잡하고 고통스럽다. 왜 하필 나인가. 왜 나는 원치 않는 환경에 던져졌는가. 앞으로 얼마나 더 버텨야 하는가. 부정적인 생각이 꼬리에 꼬리를 물고 이어진다.

특히 어린 시절에 형성된 사고의 틀이 문제다. 그 틀이 우리의 생각을 자동 반사적으로 몰아간다. 나는 아버지에게 외면당하고 무시당하며 자랐다. 그래서인지 나 자신을 '가치 없는 사람'이라 믿으며 살았다. 그 틀이 내 삶을 오랫동안 지배했다. 하지만 그 틀이 처음으로 흔들린 것은 '절대자의 조건 없는 사랑'을 받아들이기 시작하면서부터였다. 그 사랑은 조금씩, 아주 천천히, 나를 회복시켰다.

손바닥도 마주쳐야 소리가 나는 법이다. 나만 악다구니 쓰고 대들어도 하나님은 맞대응하지 않고 잠잠히 다양한 방법으로 나에게 사랑한다고 들려줬다. 삿대질하고 반항하고 저항해도, "너는 존귀하고 보배로운 존재다."라고 느끼게 했다. 그렇다고 상황이 달라졌을까? 아니다. 남의 집 더부살이 그대로. 아버지는 무소식이었다. 엄마한테 들었다. 찾아와서 돈을 달라고 했다고 한다. 딸인 나한테는 여전히 관심조차 없었다. 기독교에서는 '하나님 아버지'라고 부른다. 처음엔 하나님 아버지라는 말이 가슴에 턱 걸렸다. 아버지로부터 외면당한 자이기 때문이다. 절대자의 사랑으로 인해 나를 보는 관점이 조금씩 달라졌다. 지금도 그 사랑은 변함이 없다. 왜냐하면 예수님의 인생을 향한 십자가 사랑이 취소되지 않았기 때문이다. 마음으로 믿고 받아들이는 자에게는 그 사랑이 현재 진행형이다.

4. 피해의식에서 벗어나다

"하늘은 아무런 행운도 없는 자를 태어나게 하지는 아니하며,
땅은 아무런 쓸모도 없는 존재를 길러내지는 않는 것이다."

– 순자

여관을 하는 집에서 나와 할아버지, 할머니와 50대 큰아들이 사는 이층집으로 갔다. 사람들이 살아가는 모습이 다양하다는 것을 경험하면서 알게 됐다. 중풍을 앓는 할머니를 할아버지가 돌보는 집이었다. 분위기가 가라앉아 있었다. 답답했다. 아무 생각 없이 학교에 다녔

다. 학교는 친구들이 있어서 잠깐이나마 답답함을 잊고 지낼 수 있었다. 수업 시간에 밖을 쳐다보며 멍하게 있다가 선생님께 지적당했다. 방과 후 자율학습 시간엔 잠만 잤다. 삶에 대한 의지나 목표가 없었다. 이 집으로 옮기면서는 교회도 다니질 못했다. 분위기도 그렇고 교회가 근처에 없었다. 찾아서 다닐만한 용기가 없었다. 그나마 학교가 주 1회 예배를 드리는 미션스쿨이라 가끔 듣는 말씀에 의지하며 살았다.

그때 마침, 노량진 수산시장에서 장사하는 작은외숙모가 엄마한테 일을 부탁했다. 다시 그 집을 나와 작은외숙모 집으로 갔다. 친척이라 그런지 조금은 편안하게 느껴졌다. 좁은 방에서 큰 사촌 동생과 나, 엄마가 같이 잤다. 엄마는 집안일을 도맡아 했다. 다시 교회에 나갔다. 교회 친구들에게 외숙모 집에서 산다고 말했다. 무엇인가 홀가분했다. 하지만 학교 친구들한테는 거짓말했다. 마치 엄마랑 아빠랑 행복하게 사는 것처럼. 왜 그랬을까? 어쩌다 친구 집에 가면 이층집 고급 주택에서 식구들이 오순도순 살았다. 다시 시작된 애벌레 인식이었다. '너와 나는 다르구나. 너네는 나비고 나는 애벌레구나!'

그러던 어느 날, 교회에서 봉사활동을 간다고 했다. 영아원이었다. 한 번도 가보지 않았기에 궁금했다.

그곳엔 부모에게 버려진 아기들이 있었다. 생애 처음으로 아기를 안아봤다. 아기의 피부는 건조하고 볼이 벌겋게 올라와 있었다. 눈곱이 말라 눈가에 붙어 있었다. 품에 안기자, 조용히 숨소리만 내며 작은 손가락을 움켜쥐었다. 오랜 시간 따뜻한 품을 기다려온 듯했다. 나도 모르게 눈물이 났다. 그리고 또다시 삶에게 물었다. "인생이란 도대체 무엇인가?" 나만 아픈 줄 알았다. 세상 누구보다 외로운 줄 알았다. 희망이 없는 것 같았고, 반복되는 어두운 생각에 몸도 점점 아파왔다. 엄마는 나를 걱정했는지, 시주받는 스님에게서 부적을 샀다. 내 베개 속에 몰래 끼워 넣었다. 놀랍게도 나는, 그걸 꺼내 들고 말했다. "나는 기독교 신앙이 있으니, 이 부적은 버릴게요." 어찌 알았는지 모르겠지만 그렇게 말했다. 부적을 찢어 버리며, 조금씩 신앙을 받아들이기 시작했다. 봉사는 계속됐다. 노인시설, 더 큰 아이들이 있는 곳 등.

나보다 더 힘든 사람들이 많다는 사실이 어이없게도 나를 위로했다. 그리고 알게 되었다. 봉사는 남을 위한 일이 아니라, 결국 나를 위한 일이었다. 그날 이후, 애벌레 같던 내 인식도 조금씩, 아주 조금씩
허물을 벗기 시작했다.

강의 현장에서 어려운 시기를 지나는 사람들을 만난다. "예전에 잘 나가던 사람이었습니다. 지금은 사업 다 말아먹고 쪼그라진 양재기같이 지내고 있습니다. 이 모습은 원래 내 모습이 아닙니다. 희망이 보이

지 않습니다. 어떻게 해야 할지 모르겠어요." 자활센터에서 쉬는 시간에 어떤 남자 선생님이 한 말이다. "잘 나가시던 분들이 역경을 만나면 더 힘들 수 있습니다. 그래도 센터에 나오셔서 이렇게 새롭게 출발하시려고 노력하고 계신 자신을 칭찬하고 격려해 주셨으면 합니다." 그렇다. 우리는 인생 곡선에서 위기의 순간을 만날 때가 있다. 나도 청소년기가 마이너스 인생이었던 것 같다. 그래서 지금도 교회에서 중등부 교사로 봉사하고 있다. 내가 아팠던 시기의 아이들과 함께한다. 아이들을 위한 봉사이기 전에 당시의 아팠던 나를 마주하고 있는지도 모를 일이다.

 동생의 죽음은 견디기 힘든 아픔이었다. 오죽했으면 이 책을 쓰고 있겠는가. 동생 일이 아니면 상담사도 되지 않았을 것이다. 결국엔 아픔이 아픔으로 끝나지 않고 인생을 더 잘 살아가기 위한 거름이 된다는 것을 부인할 수 없다.

 마이너스 인생의 극점에 다다를 때. 아프고 힘들어서 다 포기하고 싶을 때. 사람들은 고통스러운 순간에도 실낱같은 희망을 찾아 재기하고자 노력한다. 고통이 없는 사람은 이 세상에 하나도 없다는 것을 상담장에서 뼈저리게 느꼈다. 저마다의 고통이 있지만 그 고통을 견디면서 삶을 살아가고 있다. '이 또한 지나가리라'라는 말이 있듯이 그 순간을 잘 넘기면 다시 미세한 빛처럼 희망이 보인다는 것을 잊지 않았으면 좋겠다.

자활센터에서 '웰다잉교육'을 진행하면서 자신한테 편지 쓰는 시간을 가졌다. 깔끔하게 차려입은 중년의 신사분께서 편지를 쓰면서 눈시울이 촉촉하게 젖어 있었다. 괜찮다면 읽어줄 수 있냐는 물음에 사업으로 잘 나갔는데 어느 순간 사업이 내리막길을 걸으면서 빚을 안고 접게 되었다고 했다. 죽음 교육 후 다시 재기해서 빚을 다 갚고 열심히 생을 살아보겠다고 했다. '죽음'은 우리가 어떻게 살아야 할지를 비추는 거울 역할을 하기도 한다.

캐나다 로키산맥 수목한계선에는 '무릎 꿇은 나무'가 자란다. 혹독한 환경 탓에 키는 작고, 뒤틀리고, 웅크린 채 자란다. 누구도 주목하지 않는 이 나무는 가장 아름다운 소리를 내는 바이올린, 스트라디바리우스의 재료가 된다. 사람도 마찬가지다. 좋은 환경보다 고난을 딛고 일어선 인생이 더 큰 울림을 준다.

대학 상담센터에서 만난 한 학생이 떠오른다. 처절한 가정환경 등으로 그의 삶은 너무도 아팠다. "어떻게 살아남았어요?" 나도 모르게 물었을 만큼. 그는 일기를 써서 살아남았다고 했다. 무엇이든 붙잡고 살아내다 보면, 또 다른 길이 열린다.

혹시 지금도 눈보라 치는 삶을 살고 있는가? 그렇다면 삶의 공명을 만드는 중일 것이다. 아픔은 더 깊은 울림을 만들어 낸다. 어떤 책에서 이런 말을 읽은 적 있다. "지금의 환경, 당신이 선택한 것일 수도 있다." 왜 그런 선택을 했을까? 더 크게 성장하기 위해서.

딸이 서빙 아르바이트를 다녀온 후, 뷔페에서 음식을 담는 방식이 달라졌다. 예전엔 접시에 몇 점만 담고 여러 번 왔다 갔다 했지만, 이젠 한 번에 수북이 담아 온다. 서빙하는 직원들이 힘들 것 같아서다.

경험은 관점을 바꾸고, 마음을 자라게 한다.

혹독한 조건에서 피는 꽃이 가장 큰 감동을 준다.
지금 힘들다면, 그건 당신이 더 멋진 인생을 연주하기 위한 과정일지도 모른다.
당신의 삶을 꽃피워 보길!

"하늘이 장차 큰일을 맡기려면 먼저 그 마음과 뜻을 괴롭히고, 몸과 생활에 고난을 주어 참을성을 기르게 한다."

— 『맹자』, 「고자」 편 중

5. 전공 선택과 진로

나는 의존적인 사람이다. 공부는 안 하고 교회 생활에 푹 빠졌다. 교회 가면 잠시라도 현실을 잊을 수 있어서 좋았다. 대학에 진학하려면 공부를 열심히 해야 하는데 엄마가 고생하는 것을 눈으로 보면서도 공부에 대한 의지가 없었다. 자율학습 시간에는 잠만 자서 담임선생님이 '잠퍼 윈'이라는 별명까지 붙여줬다. 그저 마음만 의지할 곳을 찾게 되고 어떤 꿈과 희망도 없었다.

아마도 지금 시행되고 있는 고교학점제가 있었다면 더 나았을지도 모르겠다. 고교학점제는 2020년 마이스터고 도입을 시작으로 2022년 이후에는 특성화고, 일반고에 이어 2025년 전체 고교에 전면 시행되었다. 고교학점제는 학생들이 진로에 따라 다양한 과목을 선택, 이수하고 누적 학점이 기준에 도달했을 경우 졸업을 인정하는 제도이다. 마치 대학에서처럼 학생들은 개별적으로 진로와 적성에 따라 원하는 과목을 선택해서 들을 수 있다. 1학년 때는 공통과목을 중심으로 수강하고 2학년부터 선택과목을 본격적으로 수강하게 된다. 대학에서 있는 일이다. 선택했던 전공이 맞지 않아 심지어 수능을 다시 보기도 한다. 고교 시절에 선택과목을 공부하면서 미리 시행착오를 겪는 것도 신로의 한 대안일 수도 있겠다. 아직 보완할 내용은 많은 것으로 알고 있다. 학교 특성 등을 고려해서 잘 정착해 가면 좋겠다.

고3이 되면서 담임선생님이 엄마를 모셔 오라고 했다. 엄마는 일 때문에 거절했다. 3학년 말이 되고 학력고사를 치는 날이었다. 하필이면 긴장했는지, 예정일이 아닌데도 아침에 생리가 시작됐다. 그날이면 보건실에 가서 누워야 할 정도로 요란한데 큰일이다 싶었다. 갑작스러운 일로 시험장에 늦게 가는 바람에 경찰 오토바이 신세를 졌다. 가정 형편도 되지 않고, 공부에 별 관심이 없으면서도 대학은 가고 싶었다. 남들 다 가는데 나만 안 가는 게 억울하단 생각이 들기도 했다. 엄마가 극구 말리지 않았다면 안 갔을지도 모르겠다. 괜한 청개구리 심보가 작동한 것도 부인할 수 없다. 다른 과목은 어찌어찌 풀었는데 수학은 몇 문제 외엔 온통 모르겠다 싶어서 다 찍었다. 나중에 보니 정답을 다 비켜 갔다.

  우여곡절 끝에 대학을 정하는데 담임선생님이 여대 가면 좋겠다고 했다. 나는 여중, 여고를 다녔는데 또 여대라니 고개를 절레절레 흔들었다. 다양한 경험을 해봐야지, '웬 여대' 하면서 당당하게 원하는 대학을 선택했지만 보기 좋게 떨어졌다. 담임선생님 말을 들었으면 나름대로 이름있는 여대에 붙었을 텐데 순간 후회되기도 했다. 할 수 없이 후기 대학 중 그나마 취업이 빨리 될 수 있다는 말에 도서관학을 전공하기로 했다. 다행히도 입학할 때 장학금을 받았다. 그나마 엄마한테 덜 미안한 마음이 들기도 했다. 그런데 도서관학이 재미가 없었다.

  심리학이나 철학에 관심이 갔고 그 과목들은 재미있었다. 전공엔 무관심하게 되고 급기야는 대학 다니기 싫었다. 원하는 대학이 아닌 것도 이유였다. 엄마에게 "재수할 거야."라고 말했더니, 집에 있던 책을 엿장수한테 다 팔아버렸다. 말리는 대학 가겠다고 하더니, 이번에는 재수하겠다는 말에 어이없고 화가 났나 보다. 삶에 관한 질문과 고민이 많아서였는지, 답이 없는 학문에 관심이 갔다. 엄마의 확실한 반대에 부딪혀 그냥 다니기로 했다. 전공은 그럭저럭 선배들의 도움을 받아

낙제는 면하게 됐다. 2학년부터는 그나마 친구들을 사귀게 되면서 놀러 다니는 재미에 다녔다. 지금 생각하면 어리석다. 형편에 맞춘다고 선택한 전공에 매력을 느끼지 못하고 헤맸던 시간이 아깝다. 심리학이나 철학에 끌렸는데 나의 삶과 무관하지는 않은 것 같다. 끌림은 무시할 수 없다. 그런 의미에서 삶, 아이러니하다. 마흔이 넘은 나이에 대학원에서 코칭 심리학을 공부하고 심리상담을 하고 있으니 말이다.

남자 고등학생 내담자가 생각난다. 훤칠한 키에 예사롭지 않은 패션과 개성 있는 얼굴이 지금도 인상에 남는 친구이다. 꿈을 모델로 확신하고 있었다. 패션쇼에 나가서 상도 받고 그 방향으로 인생 설계가 된 상황이었다. 하지만 모델 일에 대한 불안이 높은 학생의 아버지가 반대했다. 아버지가 정한 방향으로 가지 않으면 학비도 지원하지 않겠다고 윽박질렀다. 모델의 길이 성공한 소수를 제외하곤 그리 쉽지 않음을 본인도 알고 그의 아버지도 안다. 반대하는 것도 일리가 있다. 하지만, 학생은 너무나 확고해서 열심히 준비하고 대회에서 상도 탔으니 난감했다. 결국엔, 부모 상담으로 이어졌다. 그 아버지도 그림을 잘 그리고 인정받았는데 부친의 반대로 일반 직장에 다니고 있다고 했다. 안정적이고 만족한다고 했다. 부모의 상처와 경험이 자녀 진로에 영향을 미칠 수 있음을 간과할 수 없다.

어린 아동들을 만나면 관심사가 다양한 것을 알 수 있다. 어떤 한 아이는 온통 곤충에 관심이 많았다. 백과사전이나 책, SNS 영향도 받았다. 시간만 나면 곤충 채집하느라 엄마가 힘들다고 하소연했다. 그러면서도 아이의 호기심을 충족시켜 주기 위해 노력하는 부모님이 존경스러웠다. 발달단계에 맞게 부모 역할을 잘해준다면 제2의 파브르가 나올 수 있다. 많은 사람이 무섭고 징그럽다고 기피하는 파충류에 빠진 중학생 성진이가 있다. 안방에서 큰 구렁이와 이구아나를 키운다. 누가 하라고 시키면 못 할 일인데 끌려서 하고 있다. 성진이는 나중에 커서 파충류 가게를 여는 게 꿈이다.

부모가 되어 보니 자식이 편안한 길로 갔으면 하는 욕심이 생긴다. 딸이 국문학과를 졸업하고 홍보 관련 인턴 일을 했다. 대기업 입사 최종단계에서 낙방했다. 갑자기 공인회계사 시험을 보겠다는 말에 극구 말렸다. 규모가 큰 출판사에서 입사 연락이 왔다. 나는 출판사로 갔으면 했다. 딸은 마다하고 회계 공부를 시작했다. 1차 객관식 시험은 바로 붙었다. 2차 서술형 시험은 다섯 과목인 데다 공부량도 방대했다. 첫 시험에서 욕심내지 않고 세 과목 합격을 목표로 했다면 오히려 자격 취득이 빨랐을 것이다. 그러나 딸은 다섯 과목 모두 합격을 목표로 했다. 공부 전략에 실패하면서 낙담하고 지쳐갔다. 1차 합격 이후에는

2년간의 유예기간이 주어진다. 기간이 지나면 1차부터 다시 봐야 한다. 우여곡절 끝에 원하는 자격을 취득해서 일하고 있다. 업무량이 많고 일이 고되다. 부모로서 너무 힘들게 사는 것 같아 안타깝기도 하다. 하지만 각자에게 들려오는 '마음의 북소리'는 다르다. 부모도 인내로 견뎌야 한다.

많은 관중을 모았던 〈모아나〉 영화가 있다. '저주에 걸린 섬의 운명'에서 벗어나게 할 자로 모아나가 선택됐다. 위험을 예상한 아버지는 모아나가 항해하는 것을 극구 말리게 된다. 그러함에도 불구하고 모아나는 '마음의 북소리'를 따라 항해한다. 어려움과 역경을 맞으면서도 자신에게 주어진 길을 간다. 결국엔 소임을 다한다. 집으로 돌아왔을 때 아버지의 말을 어겨 주저주저하는 딸에게 "너답게 했어."라고 아버지가 말한다.

원숭이 어미가 덩치가 큰 오랑우탄을 부러워해서 새끼 원숭이에게 "왜 너는 원숭이밖에 되지 못하느냐?"라고 한다면 얼마나 어처구니없는 일이겠는가. 반대로 큰 꿈을 품고 있는 아이에게 "너무 위험하다. 너무 힘들다. 그러니 적당히 해라."라고 한다면. 땅바닥에 피는 해당화가 '왜 나는 키가 큰 해바라기로 태어나지 못했는가?' 하고 억울해 한다면. 자신의 해당화다움을 거부하고 큰 해바라기만 쳐다보고 있다면 이 또한 얼마나 불행한 일인가. 해당화는 해당화로 꽃 피우고, 해바라기는 해바라기로 필 때 아름답다.

자녀를 소유물로 여겨 자녀에게 황당하고 부당한 요구를 하고 있지 않은지 돌아볼 일이다. 어느 목사님 설교가 생각난다. "부모로서 최선을 다하고 계시겠지만 어떤 자녀는 부모님이 차라리 안 계신 게 더 나을 수 있다."라는 말이었다. 요지는 부모의 결핍을 채우는 소유물로 자녀를 좌지우지하지 말라는 뜻이다. 자녀는 각자에게 부여된 운명적인 소임이 있는 존재임을 알아야겠다. 그 소임을 통해 우리 문명이 발전하지 않았을까!

6. 천직을 발견하고 가꾸자

　유치원 2년, 초등 6년, 중고등 6년, 대학 4년, 대학원 등 긴 시간을 거쳐 배우고 스펙을 쌓는다. 결국엔 자기에게 맞는 좋은 직업을 갖기 위해서다. 물론 고등학교를 졸업하고 직장에 취업하고 저마다 원하는 공부를 하기도 한다. 여러 가지 길이 있지만 직업과 무관하지 않다. 경제적인 독립을 위해서도 일은 필요하다. 대학에 진학한 후에도 진로 갈등을 겪는 친구들이 많다. 대학 이름 때문에 지원하기도 한다. 자신이 원하던 전공이라고 지원했는데 공부할수록 거리가 멀다는 친구도 있다. 어려서부터 다양한 경험을 권한다. 친구들과의 소중한 추억은 큰 자산이 된다. 진로, 적극적인 탐색과 노력이 필요하다. 심리 도구를 활용하는 것도 방법이다.

천직, 소명이라는 직업의식이 있듯이 '쿠라바야시 히데미츠'의 『나에게 맞는 일을 찾는 방법』을 참고로 하여 천직에 대해서 알아보고자 한다.

첫째, 결점을 결점으로만 보지 않는다. 즉 결점을 다른 관점으로 본다는 의미이다. '신중하다'라는 의미는 '지나치게 조심스럽다 혹은 덜 실패할 수도 있다'로 해석이 가능하다. 빠른 결정이 반드시 좋은 결과로 이어지진 않는다. 결점이라고만 생각했던 것들로부터 새로운 가능성과 기회를 발견할 수 있다. 세계적인 모델 '위니 할로우'는 백반증이 있다. 학교 다닐 때 '젖소 부인'이라고 놀림을 받았다. 자살까지 시도했다가 살아남았다. 현재는 본인의 몸을 '신이 주신 아름다운 작품'이라고 말한다. 백반증이 나았을까? 아니다. 상황은 그대로다.

"나는 백반증이 있는 모델이 아니다. 나는 모델이고, 백반증이 있을 뿐이다."
"아름다움은 정상의 기준을 깬 그 자리에서 피어난다."

— 위니 할로우

둘째, 어렸을 때 좋아했던 것, 학창 시절에 자신 있었거나 좋아했던 과목을 떠올려 본다. 아이들과 놀이치료로 만난다. 관찰력이 뛰어나고 곤충이나 동물에 관심이 많은 아이가 있다. 아이의 선호 활동이 진로와 무관하지 않을 수 있음을 부모에게 안내한다.

내담자 미영 씨는 대학에서 시각디자인을 공부하고 디자인하는 회사에 입사해서 일했다. 자신이 생각했던 방향과는 너무 다르다며 진로 상담을 요청했다. "채 1년이 안 된 상태라서 본인이 생각했던 방향이 아닐 수도 있다. 더 참고 기다리면서 경력을 쌓아 보자."라고 했다. 힘들게 직장을 들어갔던 터라 직업을 병행하면서 취미 활동으로 알아보자고 했는데도 미영 씨는 성우를 선택했다. 유치원 시절 더빙 만화영화의 성우에 대한 미련 때문에. 밤늦게까지 일을 하면서 학원비를 모아 성우 학원에 다녔다. 그 정도의 열정이면 누구도 말릴 수 없다. 아마도 지금쯤이면 성우로 즐겁게 일하고 있을 것이다. 이처럼 우리는 아주 어린 시절에 선호했던 것도 무시할 수가 없다.

대학 상담센터에 있을 때 수연 씨는 간호사가 꿈인데 성적 미달로 사회복지 계열을 전공하고 있었다. 결국엔 간호사가 되기 위한 다양한 루트를 찾아보고 시도하기로 했다. 최종적으로는 수능까지 생각한다고 했다. 어린 시절, 하얀 간호복을 입은 간호사가 아프리카에서 아이들을 치료하고 있는 모습이 천사 같았다고 했다. 미디어를 통한 감동과 각인 효과다.

인기 있고 유행하는 드라마 속 주인공의 직업이 멋있게 각색되어 보일 때 아이들은 그 주인공의 직업을 꿈꾸기도 한다. 드라마 속 주인공인 의사, 배우, 아이돌, 유튜버, 엔지니어, 변호사, 프로 파일러, 소방관 등 다양하다. 같은 드라마를 보더라도 끌리는 주인공의 직업이 다르다. 저마다의 독특성과 유일함이 직업에도 적용되는 것을 볼 수 있다. 미디어 중독이라 할 만큼 아이들은 디지털 기기에 어려서부터 노출되면서 게임 유튜버, 스트리머, 다양한 장르의 1인 기업을 꿈꾸기도 한다.

학교 강의 때 먼저 진로 부장 선생님과 상담 선생님을 만나 인사할 때가 종종 있다. 국어, 영어 선생님에서 상담사로 전환했다고도 한다. 주로 인문계열 선생님이다. 나도 세계사, 심리학 등 사람과 관련된 과목에 끌렸다. 어떤 내담자는 어려운 문제를 끝까지 풀어 정답을 찾아가는 수학을 좋아했다. 은행에 취업했는데 거기서 만족하지 않고 독학으로 프로그램 개발자가 됐다. 학교에서 체육 시간을 좋아하고 태권도에서 여러 번의 승급심사로 실력을 인정받은 태권도 사범의 사례도 있다. 그림 그리는 것을 좋아하는 한 내담자는 가족 생계 상 다른 직업을 가졌다. 취미로 그림 그리는 활동을 통해서 자신의 끼를 발산하기도 하고 에너지를 충전하기도 한다. 이렇게 이어진 취미 활동이 나이 들어서 은퇴 후 제2의 진로가 되는 사례도 있다.

셋째, 지금까지 살아오면서 가장 '열중'했던 일을 생각해 본다. 중, 고등학교 때 엎어져서 잠만 잤던 주연 씨가 떠오른다. 아무런 의욕도 없이 학교는 잠만 자는 장소가 되어 버렸다. 학교를 졸업하고 겨우 들어간 대학에서 해외 봉사를 가게 됐다. 인도에서 길거리에 널브러져 있는 환자들을 돌보는 일이었다. 열악한 환경에서 열심히 봉사하는 사람들을 보고 머리를 한 대 얻어맞은 기분이 들었다고 한다. 그때부터 자신한테도 변화가 왔다. 바로 남을 돕는 기관에서 일을 하고 싶다는 욕구가 생겼다. 지금은 이름만 대도 알만한 기관에서 열심히 일하고 있다. 누가 시켜서 하는 게 아니라 돕고 싶은 욕구가 크다 보니 열중하고 몰입할 수밖에 없는 것이다. 지금 나한테 그런 일이 없다고 너무 좌절하지 않았으면 좋겠다. 지민 씨는 장애인 대상으로 봉사하던 친구가 갑작스럽게 일정에 차질이 생겼다. 하루만 시간을 내어 장애인 친구를 만나 달라는 부탁을 받았다. 장애인 친구를 돕는 활동을 했다. 장애가 있는 아이가 자기를 마치 큰 존재로 따르고 좋아하는 것을 보고 자신에 대한 가치를 깨닫게 됐다. 그 후로 인생을 바라보는 태도가 달라졌다. 나도 마찬가지이다. 일을 하면서 내가 이런 사람이 맞나 할 정도로 몰입하게 된다.

넷째, 하면서도 힘든 줄 몰랐던 일을 놓치지 않는다. 작은 교회 목회

사역을 한 성수 씨다. 작은 교회를 사역한다는 것은 사람들이 알 정도로 쉽지 않은 일이다. 생활고와 아이들 양육 다 만만치가 않았다고 한다. 특히 믿음이 없는 사람들이 "차라리 다른 일을 하면 더 나을 텐데." 하고 혀를 찰 때, 힘들었다. 그럼에도 그 길이 소명임을 알고 소임을 다 한 것이다. 남들은 힘들게 보이는 일이라도 그 일이 천직일 수 있다. 천직, 정해진 '일'이라기보다 현재 내가 하는 일을 천직이라고 여기고 열심히 살아가는 태도가 중요하다고 할 수 있다.

10년 넘게 요양보호사로 일해 온 영숙 씨가 있다. 하루에도 몇 번씩 대소변을 받아내고, 치매 어르신들의 반복되는 이야기를 날마다 들어 준다. "누군가는 해야 할 일이고, 내가 하면 어르신들이 조금 더 편하실 테니까요."라고 말하는 그녀의 표정에는 자부심이 묻어 있었다. 누군가는 힘들다고 기피하지만, 누군가에게는 그 자체로 소명이 되는 것이다. 천직, 정해진 '일'이라기보다 현재 내가 하는 일을 천직이라고 여기고 열심히 살아가는 태도가 중요하다고 할 수 있다.

천직은 쉽게 발견되고 찾아지지 않는다. 상담사로 입문했을 때, 나이는 40을 넘었고 전공과는 무관했다. 처음엔 '상담'이란 단어가 생소했다. 어렸을 때는 이런 학문이 있는지조차 몰랐다. 대학에서 심리학이 끌렸을 때 집안 환경과는 거리가 멀었다. 결혼해서는 아이들 키우느라 정신없었다. 어쩌면 천직은 끊임없이 우리한테 문을 두드리고 있는지도 모른다. 나한테 상담과 강의는? 결코 쉬운 일은 아니지만 천직으로 여기고 일하고 있다.

7. 생각과 도전, 천직을 향한 열쇠

상담 공부하라는 친구들 얘기만 듣고 거기서 멈췄다면 여기까지 오지 못했을 것이다. 이 책도 마찬가지다. 행동하지 않으면 책이 되진 않는다. 도전을 통해서 이 일이 나의 천직인지 아닌지를 분별해도 늦지 않다. 물론 천직이라고 생각했던 일이 전혀 다른 방향으로 진행되기도 한다.

대학 3학년 후반기, 사회복지학 전공자인 근우 씨는 어려운 이웃을 돕는 봉사활동을 하면서 천직이라고 생각하고 사회복지학을 공부했다. 그런데 공부하면 할수록 거리가 멀다고 느꼈다. 진로에 필요한 심리검사를 토대로 자신의 선호와는 전혀 다른 분야의 과목을 수강하고 있다는 사실을 확인했다. 다시 수능을 보겠다고 했다. 수능을 본다는 것이 쉽지 않기에 끌리는 일은 봉사활동으로 대체하도록 안내했다. 근우 씨의 답은 확고했다. 후회할 것 같다는 것이다. 위와 같은 사례는 많다. 늦은 시기라고 생각할 때가 오히려 빠르다는 말도 있듯이 그만한 각오가 있으면 반드시 해낼 것이다. 다양한 경험과 도전이 중요하다. 직업 체험, 직업인 특강을 참고하면 도움이 된다. 심리상담사 직업인 특강을 한다. 관심 있는 친구들이라 질문도 많고 적극적이다. '흥미'를 측정하는 대표적인 심리검사인 홀랜드 검사나 스트롱 진로탐색검사를 활용해 자신의 흥미 분야가 무엇인지 파악하는 객관적인 자기 이해가 도움 된다.

천직, 끊임없이 생각하고 행동하면서 찾다 보면 만날 수 있다.

첫째, 일상에서 벗어나 새로운 경험을 한다. 민선 씨는 단조로운 일상에서 벗어나고 싶었다. 지인 추천으로 인도 여행을 갔다. 마더 테레사의 명분이 있는 공동체에서 노숙인 돕는 일을 했다. 그 일을 통해 자신이 진짜 원하는 것이 무엇인지 알게 됐다고 했다. 여행하며 돌아다니는 것을 좋아하다가 가이드가 된 사람, 유학 중 눌러앉아 사는 사람도 있다. 일상에서 벗어나 우연한 기회에 자신의 진로를 찾기도 한다.

여행이나 다른 일에 종사하는 사람들을 만나는 것도 좋다. 좋은 책을 통해서도 주인공의 일에 매력을 느껴 천직으로 발전시키기도 한다. 아르바이트로 시작했던 일이 본업이 되기도 한다. 자신한테 그런 끼가 있는 줄 몰랐다고도 한다. 직장에 다니면서 스트레스가 심해 '다육식물'을 키우며 스트레스를 해소한 진정 씨다. 스트레스 해소용에서 좋아하는 일이 됐다. 다육식물이 점점 많아졌다. 농장에 맡기면서 키우다가 직장을 그만두고 농장 일을 시작했다.

둘째, 사회에 공헌하는 방법에 대해서 생각한다.

요즘은 보이스피싱, 스미싱으로 전 재산을 잃고 심지어 자살까지 하는 사람이 있다. 주위에도 3천만 원, 1천5백만 원 피해당한 사람이 두 명이나 있다. 피싱범 일당은 조직적인 체계하에 움직인다. 하수인을 잡아도 조직 보스는 잡지 못하는 경우가 있을 정도로 치밀하다. 어마어마한 돈을 갈취하고 있다. 하지만 이것은 직업이 될 수 없다. 왜냐하면 사회에 공헌하기는 커녕 다른 사람을 희생시키면서 돈을 벌기 때문이다. 아무리 돈을 많이 벌어도 그 일이 남에게 피해를 주는 일이라면 직업이 될 수 없다. 자신이 가진 재능과 경력이 세상에 어떻게 공헌할 수 있을지 생각해 보면 좋겠다. 만약 오로지 당신만이 세상에 공헌할 수 있는 한 분야를 찾는다면 그 일은 당신의 강한 브랜드가 될 수 있다.

관상어 중에 코이라는 물고기가 있다. 이 물고기는 작은 어항에다 기르면 5~8cm밖에 자라지 않지만, 커다란 수족관이나 연못에 넣어두면 15~25cm까지 자란다. 그리고 강물에 방류하면 90~120cm까지 자란다. 같은 물고기이지만 어항에서 기르면 피라미가 되고, 강물에 놓아두면 대어가 되는 신기한 물고기로 그 크기는 무려 15배나 차이가 난다. 이를 두고 사람들은 '코이의 법칙'이라고 말한다. 즉, 주변 환경이나 마음에 품는 뜻에 따라 엄청난 결과의 차이를 만들 수 있다는 뜻이다. 사람의 역량도 마찬가지다. 그런데 문제는 꿈은 있으나 현실에서 금방 식어버린다는 것이다. 열정을 담아둘 마음의 그릇이 작기 때문이다. 마음의 그릇을 키우고 행동이 뒷받침되면 무슨 일이든 원하는 만큼 성장할 수 있다.

몇 년 전 연세대 명예교수님이신 김형석 교수님이 내가 사는 지역을 방문했다. "같은 연대 교수 중 딱 그 사람들이 갖고 있는 마음의 그릇만큼 성장하더라."라는 얘기가 기억에 남는다. 자신만을 생각하는 사람은 그만큼, 대학을 생각하는 사람도 그만큼, 나라를 걱정하고 위하는 마음이 있는 사람도 그만큼 성장하는 것을 보았다는 내용이다. 즉, 마음의 그릇은 받을 때가 아니라 남에게 베풀 때 커진다. 한 흥미로운 연구에 따르면 사회적 지원을 제공하는 쪽이 받는 쪽만큼 또는 그 이상으로 건강상 혜택을 누린다고 한다. 주는 것은 손해가 아니며 감사와 기쁨을 돌려받는다.

우연히 TV에서 길에 버려진 개, 여섯 마리와 고양이들을 여러 마리 키우는 65세 어른을 봤다. 집이 외진 곳이라 택배가 집까지 배달되지 않았다. 2km나 떨어진 편의점에 가서 지게로 고양이와 개 사료를 지고 날랐다. 동물을 위해 베푸는 사랑이 그분을 건강하게 하는 것 같다. 비단 TV 얘기만이 아니다. 중근 씨는 일하다가 검지의 끝마디가 잘려서 수술했다. 산재 근로자 상담으로 만났는데 아픈 상황이었다. 아픈 자신보다는 키우고 있는 개들을 걱정했다. 버려진 개들을 약 서른 마리나 키운다고 했다. 아내가 집에 있지만 혼자 돌보기 힘들어서 병원에 입원해 있는 게 답답하다고 했다. 개들을 향한 책임과 사랑으로 일을 하다가 사고를 당한 것이다. 그 마음 앞에 절로 겸허해진다. 어릴 적 중근 씨의 결핍된 욕구와 연계 선상에서 상담이 진행됐다.

송나라 때의 유명한 일화가 있다. 길가에서 점을 보던 점쟁이에게 백수로 지내던 한 사람이 자기 운세를 물었다. "제가 재상이 될 수 있을까요?" 점쟁이는 답한다. 자네 관상으로는 어림도 없네. 그럼, 의원이라도 될 수 있냐는 질문에 점쟁이가 의아해한다. 재상에서 의원이라니? 당시에 재상과 의원은 격이 다른 직업이었다. 그러나 여기에는 공통점이 있었다. 젊은이의 답은 백성을 위하는 마음과 환자를 위한 마음을 각각 표현했다. 이에 점쟁이는 "그렇다면 재상이 될 수 있다."라고 답했다. 관상(觀相)에서 골상(骨相)과 색상(色相)은 심상(心相)만 못하다는 이유다. 결국은 마음의 그릇을 이야기한다. 이것이 바로 송나라 재상 범문정 이야기이다.

세상에 공헌하고자 하는 뜻이 마음의 크기를 결정하는 것을 알 수 있다. 큰 항아리 같은 마음을 품을 수 있도록 어린 시절부터 교육이 중요하다. 이스라엘 아이들은 통장 세 개를 갖는다고 한다. 용돈 통장, 나눔 통장, 투자 통장이다. 나눔 쉽지 않다. 큰 그릇도 쉽지 않다. 어려서부터 작은 실천을 통해서 그릇이 커진다. 교회 중등부 우리 반 친구 중 한 명은 예배 후 자신이 거쳐 온 소년부에 가서 봉사한다. 중등부에서도 찬양팀으로 봉사하고 있다. 한참 잠이 많은 나이다. 9시 예배라 일찍 일어나야 한다. 소년부 봉사하면서 자신이 더 유익하다고 한다. 지금은 다른 친구들도 함께한다. 행동을 통해 그릇도 키울 수 있다.

"당신이 그것을 꿈꿀 수 있다면, 당신은 그것을 할 수 있다."

– 월트 디즈니

8. 천직, 찾고 만들어 가는 여정

'조하리의 창', 미국의 심리학자 조셉 루프트와 해리 잉햄이 1955년 발표한 논문에서 제시한 내용이다. 대인관계에 있어서 자신이 어떻게 보이고 또 어떤 성향이 있는지를 파악할 수 있도록 한 심리학 이론이다. '자기 인식' 또는 '자기 이해 모델'이라고도 불린다. 이론을 고안해 낸 미국의 심리학자 조셉 루프트와 해리 잉햄의 이름을 합성해 만든 이름이다. '조하리의 창'은 나와 타인과의 관계 속에서 내가 어떤 상태에 처해 있는지를 보여주고 어떤 면을 개선하면 좋을지를 보여주는 데 유용한 분석 틀이다. 크게 네 가지로 이뤄진다. 나도 알고 타인도 아는

'열린 창', 나는 알고 타인은 모르는 '숨겨진 창', 나는 모르고 타인은 아는 '보이지 않는 창', 나도 모르고 타인도 모르는 '미지의 창'이다. 네 가지의 창을 잘 활용하면 타인과 좋은 관계를 맺는 데 도움을 받을 수 있다. 이 네 가지 영역의 넓이는 살면서 계속 변화한다. 내가 만약 상대방에게 마음을 열고 내 마음속 이야기를 한다면 숨겨진 영역은 줄어드는 동시에 열린 공간이 늘어간다. 그만큼 상대방과 공유하는 부분이 많아지고, 그 사람과는 친밀한 관계에 이르게 된다. 기업도 소비자 또는 투자자와 얼마나 소통하고 있는지를 알고 싶다면 '조하리의 창'을 통해 점검해 볼 수 있다.

내가 나를 아는 친구들 세 명의 이야기를 듣고 심리학 공부를 시작한 것처럼, 우리는 '나'를 잘 아는 것 같아도 그렇지 않을 수 있다. 마음 깊은 곳 숨겨진 영역을 상담장에서 얘기하는 사람들이 많다. 밖으로 내뱉기엔 두려웠던 것들이다. 남들이 알면, 나를 어떻게 생각할까? 주로 죄책감과 수치심을 느끼는 경험들이다. 아무한테도 말하지 못하고 가두는데 쓰는 에너지도 무시할 수 없다. 숨겨진 창은 그나마 본인 스스로 의식하고 있는 영역이지만 미지의 영역은 대부분 의식 밖에 있다. 상담을 계속하다 보면 마치 고구마가 넝쿨째 올라오듯이 묻어 둔 상처들이 올라올 때가 있다. 이것이 무의식적으로 삶에 영향을 미치고 있음을 알 수 있다. 나도 상담을 받으면서 억압했던 내 안의 상처 꾸러미들을 만나야 했다. 상처를 직면하기 싫어서 묻어만 놓는다면 나중에 더 힘들어질 수도 있다. '조하리 창'의 네 개 영역을 잘 살펴서 천직을 찾을 때 활용했으면 한다.

천직, 다양한 관점의 접근도 필요하다.
첫째, 다른 사람의 의견을 참고한다.

의외로 사람들은 자신에 대해서 잘 모른다. 자신이 갖고 있는 방어기제로 인해 스스로 불리하고 위험하다고 생각되는 일의 생각, 감정을 차단하기도 한다. 부모가 아이에게 기대하는 '틀'을 내려놓고 관찰하게 되면 아이가 좋아하는 것, 재능 등을 발견할 수 있다. 중학생 지민이는 자신도 잘 몰랐던 미용에 대한 재능을 부모와 친구들의 관찰 덕분에 발견했다. 지민이는 평소 학교 공부보다는 화장이나 머리 스타일에 관심이 있었지만, 스스로 '이것이 내 진로다.'라고 명확히 생각하지는 못했다. 그런데 주변 친구들이 "너는 미용 감각이 뛰어나고 손재주가 좋다."라며 미용학교 진학을 권유했고, 부모님도 딸의 관심과 재능을 응원했다. 자신에 대해서 객관적인 판단을 내려주는 지인 안목도 참고했으면 한다. 친구들이 추천해서 또래 상담자 역할을 하면서 상담사를 꿈꾸는 친구들도 있다.

둘째, 우연한 경험을 기회로 삼는다.

도로공사에서 정비 일을 하는 동수 씨를 상담하는 중, 어떻게 이 일을 하게 되었는지 물었다. 돌아온 것은 의외의 답이었다. 초등학교 5학년 때 길을 가던 중, 차가 고장 났는지 멈춰 섰다. 다른 차들이 씽씽 달리는 도로에서 깜빡이를 켜고 정지해 있는 차가 내심 걱정됐다. 얼마 되지 않아 '삐뽀삐뽀' 소리를 내며 한 차가 달려왔다. 수리가 됐는지 멈춰 섰던 차가 '쌩' 하고 달려가는 모습에 속이 뻥 뚫렸다. 알고 봤더니 정비를 하는 차였고, 동수 씨는 이를 계기로 정비사가 되었노라고 했다. 어떤 책에서 읽은 미국의 유명한 신문사 편집장 이야기도 있다. 그가 어린 나이에 길을 가는데 넓은 창문 안쪽에서 누군가 열심히 일을 지시하는 모습이 보였다. 그 모습이 너무나 멋져 보였던 어린 소년은 그날 이후 편집장이라는 꿈을 꾸게 되었다. 훗날 그 꿈을 이루게 된다.

크롬볼츠(John D. Krumboltz)의 '계획된 우연 이론(Planned Happenstance Theory)'에 따르면, 진로와 인생은 완벽한 계획보다는 예상치 못한 사건과 경험이 만들어 내는 경우가 많다. 중요한 것은 그 우연을 흘려보내지 않고, 호기심과 끈기, 유연성, 낙관성, 모험심으로 붙잡아 기회로 바꾸는 태도다. 동수 씨와 편집장의 어린 시절 경험은, '우연'이 어떻게 평생의 길을 결정짓는 출발점이 될 수 있는지를 잘 보여준다.

셋째, 내면의 목소리에 집중한다.

자신을 속박하는 것들 즉 자존심이나 고정관념, 열등감, 타인의 요구, 학력 제한 등에서 벗어나 내면의 목소리를 듣는 것이다. 이를 통해 자신이 진정으로 원하는 게 무엇인지 조금씩 알아갈 수 있다. 학교 강의를 마치고 나오려고 하는데 어떤 친구가 말을 걸어왔다. "할머니를 너무 좋아하는데 아프셔서 마음이 아파요. 지금은 병원 다니시면서 치료 중이세요." 중학생인 지금, 실력이 안 되지만 반드시 의사가 되어 좋아하는 할머니를 치료해 드리고 싶다는 얘기였다. 할머니가 아프다고 해서 모두 의사의 꿈을 꾸지는 않는다. 아이한테 오는 그 생각은 마음의 소리임이 분명하다. 그 소리에 귀 기울이고 열심히 노력할 때 하늘도 스스로 돕는 자를 돕게 될 것이다.

통계청의 경제 활동 인구조사 결과에 의하면 2023년 10월, 청년층(1~29세) 고용률이 46.4%이다. 경제적인 여건이 좋을 때는 어느 정도의 대학에 입학하면 취업이 보장됐다. 현재는 그렇지 않다. 대학 가서도 여러 가지 스펙을 만들기 위해서 고군분투한다. 취업 준비를 위한 휴학은 유행처럼 번지고 있다. 딸도 1년 휴학을 했었는데 취업에 큰 도움은 되지 않았다. 물론 사람마다 다를 것이다. 저마다의 기준치가 있어서 웬만한 중소기업은 눈길조차 주지 않는 청년들도 있다. 여전히 대기업이나 전문직을 선호하는 경향이 있다. 그 조건에 부합하지 않으면 심지어 취업을 포기하는 사람들이 주위에도 있다. 현재 취업시장은 그리 녹록지 않다. 남들이 기피하는 일을 하면서 당면한 일이 천직인 줄 알고 최선을 다할 때 본인도 모르는 역량이 발휘되기도 한다. 다양한 경험을 하면서 현재의 위치에 다다른 사람들 이야기를 책이나 매스컴을 통해서 종종 접한다. 우리네 인생길에 탄탄대로의 길이 열리면 좋겠지만 그렇지 않다. 없는 길을 만들기 위해 무성한 잡초를 베어내고 오르락내리락하면서 길을 만든다. 중소기업에 취업해서 사업 운영 방법, 거래처 관리법 등을 배워서 사업가로 성공하는 사례들도 있다.

2025년 현재, 반드시 기억해야 할 것이 있다. AI의 성장은 단순한 유행이 아니다. 앞으로 수많은 직업이 사라질 것이고, 새로운 형태의 일자리가 태어날 것이다. 그 변화는 예고 없이 빠르게, 그리고 조용히 우리 곁으로 다가온다. 기존의 틀에 안주하고 있다면, 어느 날 일자리는 사라지고 그 자리를 대체할 기술만 남아있을 것이다. 변화를 두려워하진 말자. 준비 없는 낙관은 가장 위험한 실패다. '기다리는 자'가 아니라, '만드는 자'가 살아남는다. 끊임없이 배워야 한다.

우리 청년 세대들이 세상을 보는 '관점'과 자기만의 '진로 틀'을 유연하게 대처해 나갔으면 한다. 상담사라 가능한 일이다. 처음엔 몰랐다.

유명한 유튜버를 만났다. 그는 어떤 건물을 살지 행복한 고민을 했다. 동시에 형과의 경제적인 격차와 주위의 기대, 새로운 아이템 개발, 구독자들과의 효과적인 소통 등 스트레스가 많다고 했다. 대가 없이 그 위치에 오르지 못한다. 1인 창직 시대, 온오프라인 세상을 무대로 멋지게 꿈을 펼쳐나가는 사람들도 있다. '실패하지 않은 인생은 실패한다'라는 말이 있듯이 실패를 거듭하면서 천직을 만들어 갈 수 있다. 남들과 다른 나만의 멋진 꿈을 만들고 펼쳐나가길 응원한다.

4장

사랑과 의무, 그 무게를 견딘 시기

삶은 언제나 사랑이라는 이름으로 의무를 건넨다. 사랑은 따뜻하고 부드러운 말처럼 들리지만, 그것을 품고 살아간다는 건 결코 쉬운 일이 아니었다. 결혼, 양육, 부모와의 관계, 그리고 나로서의 삶까지. '사랑'이라는 이름으로 시작되었지만, 시간이 흐를수록 그것은 책임이 되었고, 때로는 감당해야 할 '무게'가 되었다.

사랑했기에 결혼했고, 아이를 낳았으며, 엄마를 모셨고, 누군가의 이야기를 듣는 상담사가 되었다. 그러나 그 사랑은 때때로 나를 소진 시켰고, 나를 잃게도 했다. 사랑이 책임으로 변하고, 책임이 의무가 될 때, 나는 그 무게를 어떻게 견뎌야 했는지, 이 장은 그 여정을 고스란히 담고 있다. 부부로, 엄마로, 딸로 살아가는 일. 서로 다른 이름으로 불렸지만, 모두가 나였고, 모두가 내 삶이었다.

1. 결혼, 남편을 통해 아버지 사랑을 알다

결혼을 굳이 해야 하나? 통계청에 따르면 2022년 한국 혼인 건수는 역대 최저 수치인 19만 2,000건을 기록했다. 비혼 청년이 늘고 있다. 인생 과업이라고 생각했던 것이 현재는 그렇지 않은 것 같다. 당연시 여겼던 전통이나 관례 등에도 질문하게 된다. 현실적인 처지로 인해 결혼을 굳이 해야 하는지 반문하는 사람도 있을 것이다. 집을 얻는 비용이나 양육비 등 현실적인 문제를 따지지 않을 수가 없다. 사랑과 신뢰로 시작한 결혼이지만 많은 과제와 결부되어 있다.

과연 인연이란 있는 것일까? 성경 속에 배우자를 만나는 대표적인 예가 나온다. 바로 아브라함의 아들, 이삭이 아내를 맞이할 때의 일이다. 아브라함의 명을 받은 종이 이삭의 아내를 찾으러 먼 길을 떠난다. 막중한 임무로 기도하는 장면이 나온다. 나그네인 자신에게뿐만 아니라 낙타에게도 물을 먹이는 사람을 바로 이삭의 배필로 여기겠다는 내용이다. 마침 '리브가'라는 소녀가 물을 길으러 나왔다. 아브라함의 종이 기도한 대로, 리브가는 그들이 타고 온 낙타에게도 우물에서 길어 온 물을 먹였다. 종의 기도대로 됐지만 리브가가 그 종의 말을 듣고도 따라나서지 않으면 그만인 일이었다. 그럼에도 리브가는 자초지종을 듣고 종을 따라간다. 인연이란 생각이 들게 하는 장면이다.

소개로 남편을 만났다. 종교가 다르면 서로 힘들 수도 있어서 상대방이 기독교인이었으면 했다. 그런데 상대방이 신앙이 좋고 신앙인을 찾는다는 말에 내심 기뻤다. 그게 시어머니의 말이었다는 것을 나중에야 알았다. 첫 만남이 오랜 선배처럼 낯설지 않아 의아한 생각이 들었다. 차 마시고 식사하고 영화를 보다 보니 어느새 헤어질 시간이었다. 잔잔한 마음이 여운으로 남았다. 첫 만남 이후 잦은 만남이 이어졌다. 한번은 전철로 이동 중 열차 사고로 1시간 이상 연착됐다. 본의 아니게 약속 시간을 어기게 되었다. 당시에는 핸드폰도 없고 연락할 방법이 없었다. '가버렸으면 어떡하지!' 설사, 갔다고 해도 어쩔 수 없는 노릇이었다. 그런데 아무렇지도 않은 듯 반갑게 맞아주는 남편의 얼굴이 지금도 생생하다. 생활하다 보면 남편이 태생적으로 나보다 착한 사람이라는 사실이 느껴져 속 좁은 나는 답답할 때도 있다. 한편으론 그래서 감사하다.

결혼, 여러 번의 인연으로 만난다고 한다. 원수를 배우자로 만난다는 설도 있다. 착한 사람이라고 해서 갈등이 없을까. 전혀 그렇지 않다. 살다 보면 티격태격 싸우는 일이 많아진다. 다른 기질과 성향, 서로의 원래 가족에서 비롯된 상처와 결핍으로 문제가 더 불거져 보일 때도 있다. 우리 부부도 마찬가지이다. 여러 번의 위기를 넘겼다. 친정에서 비롯된 상처가 큰 몫을 했다. 남편의 직장 상사가 어떤 오락을 즐기느냐에 따라 회식 문화가 달라졌다. 회식 문화가 고스톱이었던 때가 있었다. 남편의 상사가 좋아해서 시작된 회식 문화의 일환이었는데 어쩔 수 없다고 생각하면서도 불편했다. 급기야는 친구들 모임에서마저 고스톱으로 이어지니 너무 화가 났다. 나는 도박 중독자의 피해자이기 때문이다. 최고의 스트레스를 '10'으로 수치화하면 같은 상황에서 다른 사람들은 '5' 정도의 스트레스라고 여길만한 일을 당시의 나는 '9' 정도의 스트레스로 경험했다. 부부 갈등이 있을 때 자기 안의 상처와 결부

되지 않았는지 점검이 필요하다. 그 문제가 미해결로 있다면 의식조차 하지 못한 상태에서 더 큰 문제로 불거질 수 있다. 부부간에 서로 원가족에서의 결핍이나 상처를 돌아보며 더 큰 싸움의 조건이 되지 않도록 각자의 상처를 보듬어 줄 필요가 있다.

 가끔 학교에서 강의할 때, 세상에서 제일 존경하는 인물이 누구인지 묻는 설문을 할 때가 있다. 그러면 한 반에 적어도 서너 명 정도는 부모님이고 특히 아버지가 등장하기도 한다. 참 부럽다고 말할 때가 있다. 나도 모르게 가슴에서 튀어나오는 소리다. 아버지의 사랑은 어떤 사랑일까? 한 번도 경험해 보지 못한 나로서는 알 수 없다. 다만, 내가 아는 것은 남편이 우리 아이들한테 하는 것을 보고 이것이 아버지 사랑이겠구나 하고 간접적으로 느끼는 것들이다. 남편은 애들한테 무조건적이다. 큰애가 어릴 적 말을 뗌과 동시에 "우유, 우유.", "나가, 나가."라는 말을 가장 많이 했다. 밤낮 가리지 않고 답답했는지 "나가, 나가!" 그러면 남편은 1년도 안 된 아이를 안고, 새벽이건 밤이건 밖으로 나갔다. 날마다 출근해야 하는 상황에서도 아랑곳하지 않고 그렇게 하는 것이었다. 그때에는 당연하게 여겼다. 한참 지나 생각하니 당연한 게 아니라 아이를 사랑하는 아버지의 마음이었다. 당시에는 훈육이라는 이름으로 매를 대기도 하던 시절이었다. 지금은 "꽃으로라도 때리지 말라"는 말이 있듯 이것이 올바른 훈육이 아니라는 것을 안다. 남편은 아이들 둘을 키우면서 매 한 번 든 적 없다. 무조건적인 사랑으로 아이들을 대했다. 그래서 엄마인 내가 악역을 하기도 했다.

남편의 아이들을 향한 사랑은 시아버지에게서 그대로 배웠던 것 같다. 시아버지는 4남매를 키웠는데 아이들에게 매를 댄 적 없다. 인생의 마지막 무렵 신장이 안 좋아 12년 넘게 투석했다. 오랜 투석으로 인해 팔 곳곳의 혈관이 툭툭 불거져 있었다. 고통스러웠을 것인데 불평하는 모습을 보지 못했다. 물론 시어머니는 다르게 느낄 수 있다. 글을 퇴고하는 중 91세로 하늘의 부름을 받았다. 아버님은 은퇴 후 70대 초반에서 80대 중반 사이 봉고차로 이웃과 지인들을 태우고 산으로, 교회로 다녔다. 장례식장에서 시아버지 지인에게서 들었다. 감사했다. 자녀들은 알게 모르게 부모의 성품을 닮아간다. 결혼 생활의 모습, 아이들 양육 방식 등 닮아간다는 말을 무시할 수 없다.

아들이 초등학교 5학년 때이다. 학교에서 '미래 자기 계획'을 써오라는 숙제를 내줬다. 아들이 쓴 내용을 찬찬히 살펴봤다. 아들이 그리는 미래 계획서에 흡사 아빠, 즉 남편의 언행들이 고스란히 들어 있었다. 그만큼 아빠의 존재는 자녀한테 알게 모르게 영향을 미친다. 특히 아들은 아빠의 모습을 본받고 점차 아빠 편이 돼가는 것 같다. 같은 남자라 그런지 아빠를 더 이해하는 말을 하는 것을 볼 수 있다. 딸은 어떤가? 어릴 적 아빠가 하는 행동을 그대로 따라 하다가 그만 턱 밑에 상처가 났다. 아빠가 거품을 묻히고 면도하는 모습이 신기했던 모양이다. 갑자기 화장실에서 '으앙'하는 소리에 놀라 뛰어 가보니 하얀 거품 위로 빨간 피가 묻어나고 있었다. 아빠 흉내를 내다가 그만 턱 밑을 벤 것이다. 깜짝 놀라서 나도 모르게 소리를 질렀다. 거품을 닦아내고 상처를 보니 다행히 깊게 베이지는 않았지만 얼마나 놀랐는지 모른다. 호기심 많은 아이를 위해선 위험한 물건은 손에 닿지 않는 것에 놔둬야 하는데 거기까지 생각하지 못했다. 남편은 아이들뿐 아니라 나에 대해서도 무조건적이었다. 통제 욕구가 강한 엄마 밑에서 생활하다 보니 남편의 다른 성향이 나한테는 위로가 되었다. 나에 대한 사랑과 존중이라 여겨 감사한 마음이 들었다. 아마도 이런 마음을 아주 조금씩은 표현했던 것 같다.

부부라고 해서 그 속내를 다 알지 못한다. 서운한 것이 있으면 서운하다고 고마운 것이 있으면 당연시하지 않고 고맙다고 표현하는 삶이 '인연'보다 더 중요하다. 사주나 궁합이 좋다고 결혼한 사람들도 이혼하는 것을 보게 된다. 궁합을 보는 것보다 중요한 것은 서로에 대한 예를 갖추는 것이고 그것이 말과 행동으로 드러난다. '해야 할 말'은 안

하고 '해서는 안 되는 말'을 자주 하게 되면서 서로 어그러진 관계로 발전하기도 한다. 인생의 희로애락을 함께 하고 끝까지 남아서 서로를 지키고 보듬어 줄 사람은 바로 내 옆에 있는 평생지기다. 누가 저세상으로 먼저 앞설지는 아무도 모른다. 다만, 서로 나이 들어가며 연민의 마음이 더 깊어진다. 오늘도 삶의 현장에서 애쓰는 남편의 수고에 감사하다.

2. 부부에서 부모로

작은외숙모 집에 살면서 결혼했다. 친척 집이었기에 남편이 혼자 함을 지고 왔다. 밥상을 차려주지 못했다. 외숙모가 미리 밥이라도 차려주라고 했다면 어땠을까 싶지만, 그때는 아무 얘기도 없었다. 남의 집이어서 엄마도 상을 차릴 수 없었고, 그 일로 미안해했다. 딸이 셋이나 있어서 그랬을 것이라고 나름 이해했다. 나는 그 집 부엌에서 라면 한 번 끓여본 적 없었다. '내 집 부엌이 아니어서 아무것도 할 수 없었다.'라는 말은 변명일지도 모른다. 하지만 당시엔 남의 물건에 손대는 것처럼 느껴졌다.

결혼 후, 남편은 직장에 다니기보다 내가 살림과 아이 양육에 전념하기를 바랐다. 순간 당황했지만, '아이 양육은 부모가 해야 한다.'라는 생각이 있었기에 받아들였다. 그러나 집에서 살림만 한다고 해서 쉬운 건 아니었다. 처음 해 보는 밥과 반찬은 서툴렀지만, 그저 어떻게든 먹고살았다. 나중에 시어머니에게 들었는데, 남편이 "밥이 3층 밥이야."라고 말했다고 했다. 그 말이 오히려 웃기고 고마웠다. 남편은 그 뒤로도 묵묵히 부족한 요리 실력을 눈감아 주었다.

결혼 생활은 서로의 허물을 덮어주는 과정이 아니면 끝까지 갈 수 없다. 나 역시 남편의 허물을 덮어주며 여기까지 왔다. 힘든 날, '전에 사귀던 사람과 결혼했으면 더 잘살았을까?' 하는 생각을 한 적도 있다. 하지만 자신 없다. 결혼은 일방통행이 아니라, 두 사람이 서로의 차이를 조율하며 '안전지대'를 만들어 가는 일이다.

잉꼬부부로 소문난 연예인 차인표·신애라 부부도 처음부터 잘 맞았던 것은 아니라고 한다. MBTI 검사에서도 네 가지 성향 중 하나만 같고, 나머지 셋은 정반대였다. 그제야 '당신이 틀린 게 아니라, 우리는 다를 뿐'이라는 걸 깨달으며 잘살게 되었다고 한다. 상담 현장에서도 MBTI 카드를 쓰다 보면, 부부나 부모와 자식이 서로 극단적으로 다른 경우가 많다. 내담자들은 카드를 배열하며 웃다가, '서로 다르다는 걸 인정하고 노력하자'라는 결론을 스스로 내리기도 한다.

사람은 다름에 끌리지만, 그 다름이 갈등의 불씨가 되기도 한다. 결혼이란 서로 다른 두 사람이 함께 발전해 나가는 과정이다.

결혼 후 남편 직장에서 무이자 대출을 받아 3층짜리 독채를 전세로 얻었다. 나에겐 꿈같이 넓은 집이었다. 그러나 그 돈이 다 갚아야 할 빚이라는 사실을, 그땐 깨닫지 못했다.

의사에게서 '임신이 어렵다.'라는 말을 들었지만, 몸을 돌보며 기도했고, 감사하게도 첫아이를 품게 되었다. 입덧이 심해 먹는 족족 토하면서도, 아이를 위해 억지로 먹었다. 첫아이를 품었을 때 느꼈던 감격과 생명의 신비는 지금도 잊히지 않는다.

하지만 '애가 애를 키운다.'라는 말처럼, 육아 경험 없는 나는 서툴렀다. 그러다 둘째가 태어났다. 유난히 순한 아들을 보며 '신이 위로로 보내주신 선물'이라고 생각했다. 같은 부모 밑에서 태어나도 기질이 이렇게 다르다는 사실이 놀라웠다.

어릴 적 나는 아버지와 어머니의 부재 속에서 자랐다. 사랑받지 못하고, 돌봄도 부족했던 기억이 오래도록 내 안에 머물렀다. 그래서였을까. 아이를 낳고 나서는, 마치 그 결핍을 보상하듯 교육에 몰두했다. 큰애가 마치 천재라도 된 듯 전집을 사고, '유아 천재 프로그램'에도 등록했다. 돌이켜보면 너무 어린 나이에 무거운 짐을 지운 것 같아 미안하다. 아마도 내 결핍을 아이를 통해 채우려 했던 것일지도 모른다. 그 땐 몰랐다. 부모로서의 무지가 만든 결과였다. 어느 날, 아이가 크고 나서 솔직하게 말했다.

"엄마가 좀 무지했던 것 같아. 너에게 너무 많은 걸 기대하고, 강요했던 것 같아서 미안해."

딸은 웃으며 답했다.

"엄마 덕분에 책을 좋아하게 됐고, 그게 도움이 됐어. 너무 그렇게 생각하지 마."

겉으론 덜렁대지만 속은 깊은 아이다. 공부를 잘한다는 말을 들었지만, 친구들의 시기와 거리감 속에서 외로움을 겪었다. 마음 둘 곳이 없어서 중학교 시절엔 웹툰과 판타지 소설에 빠지기도 했다. 다행히 고등학교 기숙사에서 마음이 통하는 친구들을 만나 한결 편해졌다고 했다. 지금도 그 친구들을 만나 웃는 모습을 보면 참 감사하다.

아들을 키우면서는 특히 미안한 일이 있다. 초등학교 4학년 때 전학을 시킨 것이다. 아이들은 반대했지만, 나는 더 좋은 환경이라 생각해 밀어붙였다. 딸은 금세 적응했지만, 아들은 이전 학교 친구들을 오래 그리워했다. 5학년이 되어서야 새로운 친구들을 사귀며 조금씩 적응해 갔다. 상담 현장에서 만난 아이들 역시 대부분 전학을 부정적으로 말했다. 그래서 나는 안다. 당사자의 마음을 충분히 듣지 않으면 상처가 될 수 있다는 것을. 학군이나 학원만 보고 결정하다간 나 같은 우를 범할 수 있다.

아이 둘을 키우며 경력이 끊겼지만, 그 시간은 후회하지 않는다. 맡길 곳이 있었다면 계속 일했을지도 모른다. 그러나 남편은 사회생활 중 "어릴 적 중요한 시기에는 엄마가 키워야 한다."라는 선배들의 말을 들었다고 했다. 경제적으로 여유는 줄어들어도, 아이의 어린 시절은 다시 오지 않는다는 말도 덧붙였다.

지금은 맞벌이가 아니면 살기 힘든 세상이다. 물가, 집값, 생활 수준, 양육비 부담은 현실이 되었고, 그래서인지 결혼을 해도 아이를 낳지 않겠다는 사람들이 늘고 있다. 경력 단절은 이제 개인의 희생만으로 설명할 수 없는 사회 문제다.

예전에 들은 한 교수님의 말이 떠오른다. 이스라엘에서는 전문직 여성들이 아이를 낳으면 '작은 집'으로 이사하고 생활 규모를 줄인 채 아이를 돌보다가 다시 일터로 복귀한다고 했다. 정답은 없다. 누구는 집에 남고, 누구는 다시 일터로 간다.

중요한 건, 어떤 선택이든 아이를 향한 사랑은 같다는 것. 짧은 시간이라도 온 마음을 담아 아이를 안아주길. 그 순간이 아이에겐 평생의 사랑으로 남는다. 아이들은 완벽함보다 진심을 기억한다. 그러니 오늘도, 미안함보다 최선을 다한 나 자신을 다정히 안아주길. 당신은 충분히 잘하고 있다.

3. 엄마와의 동거

'지니 엄마'가 마치 나를 대표하는 이름처럼 되었다. 아이가 유치원에 다닐 때, 학교에 들어가면서도 내 이름은 없고 대신 '지니 엄마'가 자리 잡았다. 저녁 먹고 거실에 상을 펴고 아이들 공부를 봐주면 어느새 잠들 시간이었다. 하루하루 정신없이 살았다. 두 아이가 학교에 있을 때는 그나마 자유시간이 주어졌다. 친한 이웃과 뜨개질하면서 수다를 떨다 보면 아이들이 왔다. 아이들끼리도 모여서 놀다 보면 벌써 저녁 지을 시간이 됐다. 학교 아이들 등하교를 지도하는 녹색 어머니회 활동, 급식 도우미 역할도 했다. 학교 어머니회 활동도 하면서 아이들을 위해 할 수 있는 것은 최선을 다했다. 책을 좋아하는 큰애를 위해서 빠듯한 돈을 모아 책에 많이 투자했다. 두 아이를 데리고 버스로 다른 동네 언덕에 있는 도서관까지 다녔다. 아이들 성적이 상위권 위치까지 왔다. 그때부터는 내가 채근하지 않아도 그 위치를 스스로 지키기 위해서 노력하리라고 생각했다. 초등 고학년이 되면서는 실력 미달로 가르칠 수도 없었다.

당시에 동생이 우리 집에 함께 살게 되었다. 동생 방은 깔끔하고 정리 정돈이 잘돼있었다. 항상 본인이 좋아하는 향수를 사용했다. 애들이 삼촌을 상징하는 향수라고 지금도 말한다. 나도 가끔 그 향을 엘리베이터에서 맡게 될 때가 있다. 그럴 때면 동생 생각이 더 많이 난다.

동생이 떠난 후 엄마가 우리 집에 완전히 정착했다. 동생을 위해서 일을 했던 것인데 돈을 벌어야 할 목표가 없어진 것이다. 먼 훗날 일이라고 생각했는데 생각보다 너무 빨랐다. 엄마랑 함께 사는 삶, 불 보듯 뻔했기에 싫었다. '마른하늘에 날벼락'이라는 속담이 생각날 정도였다. 머리로는 함께해야지 하면서도 가슴에서는 받아들이지 못해서 답답했다. 엄마 처지가 안됐지만 함께 사는 것은 힘들겠다 싶어 가까운 방이라도 구하려고 했다. 그런데 엄마는 굳이 같은 집에서 살기를 원했다. 또한 두 집 살림하기도 만만찮았다. 결국엔 할 수 없이 함께 살게 되었다. 나한테 '자유'가 박탈된 날이다. 큰애 5학년, 작은애 3학년, 아직 초등학생인데 애들한테도 못 할 일이었다. 아니나 다를까, 엄마는 아이들한테 거는 기대가 컸고 공부에 대해 스트레스를 주기 시작했다.

우리는 순간순간 선택할 일이 많다. 특히 중요한 결정일수록 감정적으로 대처하지 않았으면 한다. 한번 결정하면 되돌리기가 쉽지 않다. 그렇게 해서 엄마와 우리 식구들의 동거가 시작되었다. 엄마는 집에 와서도 계속 집안일을 도맡아 하길 원했다. 일했던 습관도 있고 잠시도 가만히 있질 못했다. 엄마가 집안일을 하면서 내 자리가 어정쩡해졌다. 남한테 통제받고 살아서인지 엄마는 당신 맘대로 하려고 했다. 특히 살림에 있어서는 자부심이 있었고 내가 하는 것은 마음에 들지 않아 했다. 거추장스럽게 생각했다. 그릇 하나도 내 맘대로 사는 것을 용납하지 않았다. 예쁜 그릇을 사고 싶어도 "왜 그것이 필요하냐, 살림도 제대로 못 하면서 그릇만 욕심내니?"라고 일장 연설을 늘어놓았다. 집안일을 도맡아 한 공을 말로 다 털어냈다. '말'이 얼마나 중요한지 누누이 말해도 좀처럼 고쳐지지 않았다. 내 행동이 마음에 들지 않으면 다짜고짜 욕부터 했다. 아이들 앞에서도 남편 앞에서도 개의치 않았다.

아이들한테도 본인이 가진 틀에서 벗어나면 함부로 말했다. 남편은 아이들한테까지 그런 엄마를 보기 힘들어했다. 그래도 정한 일이니까 끝까지 책임져야 한다는 마음으로 견뎠다. 아이들이 중학생이 되면서

부터는 공부에 대한 잔소리가 더 심해졌다. 엄마는 학력에 대한 열등감이 있었다. 아이들에 대해 지나친 기대를 하는 것이다. 그나마 나와 남편이 완충재 역할을 해서 아이들이 견뎠다. 그러다 급기야 큰애가 외할머니랑 함께 살기 힘들다면서 고등학교는 기숙학교에 가고 싶다고 했다. 나도 남편도 그 말에 동의했다. 아이는 기숙사가 있는 외고에 가기로 했다. 중3 초반에, 당시 유명했던 학원에 등록하고 싶어 했다. 집에서 차로 40분 정도 거리에 있는 학원이었다. 아이는 학원까지 픽업해 주길 원했다.

  당시에 나는 운전면허가 없었다. 남편이 몇 번 운전면허를 따라고 했었다. 겁이 많아서 필요 없다고 거절했다. 하지만 자식은 무서운 존재다. 딸 한마디 말에 당장 다음 날 면허학원에 등록했다. 외할머니 때문에 힘들어하는 딸을 보면서 마음이 편치 않았다. 약사인 친구가 액체로 된 우황청심환을 마시라고 해서 절반 정도 마시고 면허실기시험을 봤다. 나의 의지와 상관없이 한쪽 다리만 덜덜 떨고 있었다. 그만큼 두렵고 자신 없었다. 간절한 마음이 통했는지 감사하게도 한 번에 붙었다. 다음날 연수를 받고 바로 딸아이가 원하는 평촌에 있는 학원에 데려다주었다. 꽤 유명한 학원가라 교통 상황이 되게 복잡했다. 어깨에 힘주면서 어찌어찌해서 데려다주면 남편이 퇴근하면서 데리고 왔다. 그러길 6개월 정도 했을 때, 딸아이가 이번에는 집에서 제법 가까운 곳으로 옮기고 싶다고 했다. 그렇게 1년 정도 준비해서 기숙할 수 있는 학교에 입학했다. 집에는 일주일에 한 번씩 남편이 태워 오고 태워다 주었다. 집을 벗어난다고 해서 반드시 좋은 것은 아니다. 기숙 생활을 하다 보면 친구들과 부딪힐 일도 더 많이 생긴다. 다행히 친구들과 기숙 생활을 잘했다.

남편이 두 살 터울인 아들도 기숙학교에 보내자고 했다. 엄마로 인해 성격 버리겠다고 걱정했다. 아들은 기숙학교에 가고 싶지 않다고 했다. 딸아이가 집에 없으니, 엄마는 온전히 아들한테 신경을 집중해 과도한 요구를 했다. 아들도 기숙사 있는 학교로 갔다. 내성적인 성향으로 인해 처음 한 달 동안 화장실에서 대변 보는 것을 힘들어했다. 한 달 뒤부터는 적응해서 기숙 생활을 잘 마쳤다. 그때 함께 기숙했던 친구들이 지금까지도 딸과 아들의 절친으로 남아있다.

엄마와 함께 살게 되면서 예상했던 일들이 그대로 일어났다. 끝까지 엄마랑 함께 살 수 있을까. 아이들을 달달 볶아댈 때는 힘들었다. 그래서 한 번은 가까운 곳에 따로 방을 얻어야겠다고 말했다. 엄마도 "그렇게 해라."라고 말했다. 집을 보러 다니던 중 엄마가 갑자기 몸이 아프다고 했다. 겉으로 보기엔 너무 건강한데 마음이 불안한 것이다. 엄마는 결혼 후 집을 나와 남의 집에서만 생활했고 성격상으로도 남이랑 잘 어울리질 못한다. 그런 사람이 막상 혼자 생활하려고 하니 두려웠을 것이다.

남편과 아이들하고 의논했다. 제일 힘들어하던 딸이 "외할머니한테는 우리가 세상 전부인데 그냥 같이 살자."라고 했다. 눈물이 핑 돌았다. 집을 보러 다니면서도 마음이 편치 않았기 때문이다. 딸이 말한 것처럼 엄마는 우리 식구가 '세상의 전부'다. 같은 아파트에 사는 동갑내기 친구분이 놀러 와도 함께 앉아서 도란도란 얘기하지 못한다. 수영장도 다니고, 목욕탕도 다니고 맛난 음식도 먹으러 가라 해도 묵묵부답이다. 우리 식구들하고만 움직인다. 지방에 있는 친척 결혼식장에 가도 그날로 올라온다.

자폐스펙트럼 장애로 통합된 '아스퍼거 증후군'이 아닌가 생각했다. 그 내용을 알려주니 식구들이 다 동의한다. 엄마는 물론 심리검사를 거부한다.

> 성인 아스퍼거 증후군의 특징을 살펴보면 다음과 같다. 첫째, 남의 기분을 생각하지 못해 상대방이 상처받는 말을 하고, 상처받은 이유를 이해하지 못한다. 둘째, 자기 일 외에는 신경 쓰지 않는다. 셋째, 감정이 얽힌 이야기, 잡담, 일상 회화 등이 서툴다. 넷째, 흥미가 있는 일엔 몰두하며, 그 시간에는 다른 사람의 말을 듣지 않

는다. 다섯째, 변화에 약해 예측하지 못한 상황에 대한 대응이 서툴다. 여섯째, 큰 소리, 밝은 빛, 특정 식감이나 냄새 등에 대한 감각이 지나치게 예민하다. 일곱째, 분위기를 파악하지 못한 발언을 한다. 여덟째, 애매한 표현을 이해하기 어렵다. 아홉째, 사과나 감사 표현을 잘하지 않는다. 열째, 말의 의미를 자신만의 특유한 방식으로 해석한다.

— 하이닥 뉴스(2020.06.23.)

남편으로서 아빠로서 아무것도 하지 않은 아버지가 엄마의 성격특성에 대해 큰소리치는 이유다. "네 엄마랑 살 사람은 아무도 없어." 어이없게도 우리 외갓집 식구들이 모두 동의한다. 부부는 남이지만 부모와 자식은 천륜이다. 오늘도 엄마는 '세상의 전부'인 우리 집에서 대장이다. 티격태격 다투면서 사는 일상이지만 엄마가 있어 감사하다. 오늘도 집을 나서는 내게 엄마는 정성 들여 끓인 물을 보온병에 담아 준다. "차 조심해라."

4. 제2의 인생, 상담사의 길

큰아이가 고등학교 기숙학교에 입학하면서 내 시간에 여유가 생겼다. 아이를 픽업하러 다니지 않아도 되었다. 나는 아침에 운동하고, 사람들과 수다를 떨다 집에 들어왔다. 나름 즐겁기는 했지만, 한편으론 '이 시간을 그냥 흘려보내기엔 아깝다.'라는 생각이 들었다. 그래서 가까운 도서관에서 시간제 일을 시작했다. 그러나 그마저도 마음이 차지 않았다.

그즈음, 주변 친구들과 지인들이 나에게 "상담 공부를 해봐."라고 권했다. 힘든 시간을 보내던 한 친구는, 내가 곁에서 들어주고 위로해 준 것이 큰 힘이 됐다고 했다. 교회 동생이지만 친구처럼 지내던 지인 둘도, 교회 프로그램을 들어보라고 권유했다. 삶에 대해 또 다른 질문이 마음속에서 피어오르던 때라, 그 말이 이상하게 마음에 와닿았다.

상담 프로그램을 들으면서, 대학 시절 심리학 수업에 푹 빠졌던 기억이 되살아났다. 동생의 죽음으로 인한 죄책감도 상담 공부에 마음을 기울이게 했다. 하지만 상담사가 되려면 대학원 진학을 해야 했고, 가족의 동의가 필요했다. 식구들에게 물었지만 돌아온 답은 "지금처럼 편하게 살아. 왜 굳이 고생을 사서 해?"였다. 남편은 아이들이 대학에 입학한 후 가는 게 좋겠다고 했는데, 사실상 '안 된다'라는 뜻이었다. 나는 작은 결정은 스스로 하지만, 큰 결정은 남편의 뜻을 존중하려 했다. 그 자리에서 마음을 접었다. 그러던 어느 날, 우리가 구독하던 신문 사이에 '직업상담사 무료 교육' 광고지가 눈에 띄었다. 상담의 한 분야, 그것도 무료. 마음이 움직였다. '여성인력개발원'의 문을 두드렸고, 3대 1 면접을 통과했다. 당시 마흔이 넘은 나는 수강생 중 나이가 많은 편이었다. 공부를 마친 후 국가 자격시험에 도전했다. 1차 객관식, 2차 서술형. 쉽지 않은 시험이었지만 한 번에 합격했다. '목표가 분명하면 할 수 있구나.' 합격증을 받고 직업학교에 취업해 수강생들의 취업을 돕는 일을 시작했다. 원장은 수강생들에게 하는 내 이야기를 들으며 "이건 심리상담이네."라고 했다. 맞다. 내 마음속 깊이 원했던 건 심리상담이었다.

  1년간 일하며 돈을 모았고, 드디어 대학원 진학을 다시 꺼냈다. 이번엔 남편도 흔쾌히 동의했다. 그렇게 주중에는 일을 하면서 주말마다 대학원에 다니기 시작했다. 새로운 학문을 배우고, 동기들을 만나고, '내가 아는 만큼 줄 수 있다.'라는 책임감으로 열심히 공부했다. 그러나 곧 깨달았다. '공부를 열심히 한다고 해서 상담을 잘하는 것은 아니다.'라는 것을.

  밤새, 내담자의 호소 문제에 관한 책을 읽고 상담에 임해도 상담은 전혀 다른 방향으로 흐르기도 했다. 예측 불가능한 대화 앞에서 진이 빠지는 날도 있었다. 하지만 그 과정에서, 상담은 내게도 성장을 안겨주었다. 수많은 내담자의 인생 이야기를 들으면서 깨달았다. 겉으로는 평범해 보여도 그 속에는 말로 다할 수 없는 고통과 인내가 있었다. 삶 자체, 그 어떤 것으로도 바꿀 수 없는 값진 것이었다.

  상담실에는 나이, 직업, 상황을 막론하고 다양한 내담자들이 찾아왔다. 경륜장에 친구랑 방문했다가 헤어 나오지 못하고 전 재산과 가정까지 잃은 사람. 남편의 외도로 맞바람 피우면서 자신과 가정이 무너졌다는 사람. 좋은 직장에 취업했는데 실력도 발휘하지 못한 채 병으로 세상을 떠난 아들을 그리며 절규하는 어머니. 학교 폭력으로 자퇴하고 은둔형 외톨이가 된 아이를 둔 부모. 교육자로서 윤리에 어긋나는 행동으로 괴로워하는 사람. 언행 불일치의 부모 밑에서 갈등하고 방황하는 자녀 등 세상에서 일어나는 생로병사의 애환을 간접 경험하게 된다.

 내담자보다 나을 것 없는 내가, 공부했다는 이유 하나로 그들의 이야기를 듣는다. 신앙이 없었다면 이 길을 포기했을지도 모른다. 내담자들의 이름을 마음에 품고 기도했다. '상담'의 뜻글자를 풀어보자면 다음과 같다. '서로 상(相)', '말씀 담(談)'. 상담은 말로 마음의 매듭을 풀어내는 일이다. 우리 사회에 '화병'이라는 병명이 있을 만큼, 사람들의 가슴 속엔 분노와 상처가 오래 쌓여 있다. 나는 기도하며 상담을 이어갔다. 어느 날, 한 부부가 상담실을 찾았다. 남편은 선정적인 영상에 깊이 빠져 있었고, 신혼임에도 불구하고 아내와의 성관계에는 무관심했다. 아내는 부부와의 관계를 회복하고, 아기 갖기를 간절히 원했다. 남편의 이러한 문제는 결혼 전부터 이어진 성적 집착에서 비롯된 것이었다. 개인 상담과 부부 상담을 함께 진행하며 서서히 변화를 이끌어갔다. 상담이 종결된 후에도 가끔 소식을 전해왔는데, 어느 날 결정적인 소식이 도착했다. 아기 사진이었다. 그 순간, 깊은 감사와 뿌듯함이 밀려왔다.

상담자는 내담자와의 만남 속에서 스스로도 많은 것을 배운다.

갑상선암 치료를 받으며 성이 다른 6학년 초등학생과 젖먹이를 키우고 있는 내담자이다. "몸이 안 좋으니 한 명이라도 아빠에게 보내는 게 낫지 않을까요?"라고 조심스레 물었다. 그는 "아빠 역할을 잘할 남자라면 보냈을지도요."라고 웃으며 말했다. 그리고 덧붙였다. 아이들은 가장 원하는 부모를 선택해서 이 땅에 온다고. 아픈 몸과 어려운 형편이라는 이유로, 그런 남자가 아닌 줄 알면서 아이를 보낼 수 있겠냐고 되물었다. 형편은 좋지 않지만, 아이를 바라보는 그의 눈에는 진심 어린 사랑이 가득했다. 그 모습을 보며 나 자신을 돌아보게 되었다.

또 한 분의 내담자가 떠오른다. 60세가 넘은 남성이었다. 20대 후반, 여자 친구와 사귀다 임신 소식을 듣고 두려움에 곁을 떠난 적이 있다고 했다. 그는 몇십 년간 품어왔던 이야기를 고해성사하듯 털어놓으며, 나를 '신부님' 같다고 했다. '신부님' 아주 가끔 상담장에서 듣는다. 아무에게도 하지 못한 비밀을 상담 자리에서 고백하는 것이다. 그는 자기 친구의 평탄한 인생과 달리 자신의 삶이 파란만장했다고 했다. 그러나 다시 태어난다면 친구 같은 삶이 아니라, 지금처럼 파란만장한 인생을 다시 살고 싶다고 했다. 젊은 시절로 돌아갈 수 있다면, 그 여자 곁을 떠나지 않겠다고. 긴 세월 가슴 한편에 남은 죄책감이 얼마나 무거웠는지 느껴졌다.

원하는 마음과 달리 모든 상담이 해피엔딩으로 끝나는 것은 아니다. 조급하게 결과를 재촉하면 내담자는 조용히 등을 돌린다. 갱년기 증상과 코로나 시기의 전화 상담 한계를 겪으며, 주 3회 · 하루 5명의 상담 일정을 내려놓았다. 상담사의 몸과 마음이 무너지면 상담에도 그림자가 드리운다. 그래서 이제는 감당할 수 있는 만큼만, 그러나 그 안에서는 진심을 다하려 한다. 인생의 광야를 걷는 누군가에게 아주 작은 도움이라도 건넬 수 있다면, 이 길은 여전히 의미가 있다.

5. 강사로서의 삶

강단에 서게 된 것은 우연처럼 시작됐다. 대학원 졸업 후, 전공 교수님의 특강에 참석했다. 강의 말미에 교수님이 말했다. "소원하는 것이 있으면 그림으로 그려보세요." 나는 망설임 없이 상담 장면과 강의 장면을 그렸다. 마음 깊은 곳에서 이미 원하고 있었던 장면이었다. 6개월 뒤, 그 그림이 현실이 되었다. 초등학교 강의 기회가 주어진 것이다. 그러나 첫 강의는 결코 만만치 않았다. 아이들의 태도와 반응은 천차만별이었다. 적극적으로 반응하며 따라오는 학생이 있는가 하면, 전혀 관심을 두지 않는 학생도 있었다. 시간이 길어지면 책상에 엎드려

잠드는 아이도 있었다. 그 모습을 보니 문득 내 고교 시절이 떠올랐다. 저녁 자율학습 시간, 졸음을 참지 못하고 엎드려 자던 나. 선생님이 깨우면 왜 깨우냐며 짜증을 내기도 했다. 청소년 시절에는 목표도 뚜렷하지 않고, 그저 몸이 무겁기만 했던 시간이 있었다. 설마 그때 잔 벌을 지금 받는 건 아니겠지 하는 생각에 웃음이 났다.

나는 특별한 유머 감각이 있는 것도, 젊은 나이도 아니다. 학생들이 선호하는 조건은 갖추지 못했지만, 그만큼 강의를 더 열심히 준비하려 애썼다. 나의 강점이라면 상담 사례가 많다는 것. 실제 이야기를 들려주면 학생들의 표정이 달라졌다. 쉬는 시간에 찾아와 진로나 고민을 털어놓는 학생도 있었다. 그럴 때는 학교 상담실로 안내했다. 강의가 끝난 뒤 복도에서 정중하게 인사하는 학생을 보면, 내 말이 그 아이의 마음에 닿았음을 느낀다. 그 순간, 강사로서의 자부심이 느껴진다.

어느 날은 강의하러 간 초등학교에서 상담으로 만나고 있던 학생과 마주쳤다. 나를 알아보고 따로 인사하려고 다가왔는데, 눈빛으로 '알았다, 괜찮다.'라고 전했다. 혹시나 다른 친구들이 상담에 대해 오해할 수도 있어서이다. 그 학생의 학교생활을 잠시나마 볼 수 있어 기뻤다. 또 다른 날에는 한 고학년 남학생이 쉬는 시간에 다가와 말했다. "저학년 때 상담받았어요. 불안이 심했는데, 상담 후에 학교 회장 후보로 나갔어요." 상담의 힘이 누군가의 삶을 바꾼 순간이었다.

상담실에서 만났던 학교폭력 피해 학생들을 강의 현장에서 다시 보기도 했다. 피해자들이 겪는 고통을 알기에, 폭력예방교육에 정성을 다했다. 실제 사례를 들려주면 아이들은 놀랍도록 진지하게 귀 기울였다.

지금은 강의의 대상과 주제는 한층 더 다양해졌다. 학생뿐 아니라 성인들을 대상으로도 강단에 서고 있다. 자살 이후 유가족을 돕는 상담도 큰 의미가 있다. 그러나 무엇보다 중요한 것은 '예방'이다. 전국을 누비며 생명을 살리는 정택수 교수님의 '생명존중교육'을 계기로 [국민강사교육협회] 플랫폼에서 활동하게 되었다. 교육에 진심을 다하는 회장님, 그리고 함께 성장하는 강사님들로부터 많은 것을 배우고 있다. 상담실에서 만난 내담자들의 이야기와 산업현장에서의 경험들이 강의 속에 자연스럽게 스며들고 있다.

산업현장에서 있는 일이다. 장시간 가족을 위해 일하면서도, 몸이 아파도 병원에 갈 시간과 비용이 없어 버티는 사람들. 근골격계 질환으로 고생하는 사람들. 그들에게 내가 해줄 수 있는 건 고작 스트레칭 몇 동작일 때도 있다. 그러나 그 '고작'이 누군가의 삶을 조금이라도 가볍게 할 수 있다면. 그 시간을 결코 가볍게 여기지 않는다.

쉬는 시간에 다가와 "강의가 현실적으로 큰 도움이 됐다."라고 말하는 사람들이 있다. 한 번은 기웅 씨라는 수강생이 나를 찾아왔다. 그는 좋은 직장을 다니다가 교통사고로 뇌를 다쳤고, 최근 기억이 자주 사라지는 기억상실증을 앓고 있었다. 그런데도 그는 재기를 위해 애썼다. 강의 내용이 마음에 와닿았다며, 다시 일어서고 싶다고 말했다. 그 순간, 나는 강의가 단순한 지식 전달이 아니라, 누군가의 인생에 다시 숨을 불어넣는 일이 될 수 있다는 것을 깊이 실감했다.

강사의 길은 결코 쉽지 않다. 모든 강의가 환영받는 것은 아니다. 특히 법정의무교육을 하러 가면, 몸은 강의장에 있지만 정신은 다른 데 두고 있는 사람들도 있다. 이해한다. 매년 같은 내용을 의무적으로 듣는 강의가 반가울 리 없다. 그러나 교육은 필수다. 어떤 직장인은 상담에서 자신이 한 행동이 '직장 내 성희롱'이라는 사실을 몰랐다고 털어놓았다. 법은 변하지만, 교육이 없으면 인식은 제자리걸음을 한다.

각종 예방 교육도 마찬가지다. 에이즈에 걸린 친구가 쓴 편지를 본 적이 있다. 그는 왜 학교에서 에이즈의 위험성과 원인을 알려주지 않았는지 호소했다. 죽음 앞에서야 비로소 예방의 필요성을 절감한 것이다. 마약 문제도 심각하다. 우리나라도 더 이상 '마약 청정국'이 아니다. 펜타닐 패치, ADHD 치료제 남용, 학원가 마약 사건… 뉴스는 경고음을 울린다. 청소년 중 일부는 이미 강력한 약물에 노출됐다. 이 문제는 단순한 범죄 예방이 아니라, 다음 세대를 지키는 생존 교육이다.

흡연 예방 교육에서도 배운다. 특성화고 학생으로 3학년 조기 취업을 한 학생이 내게 말했다. "선생님, 초등학교 6학년 때부터 담배를 시작했어요. 금연하려고 해도 쉽지 않아요." 수업 후 주차장까지 함께 걸으며 이야기를 나눴다. 그의 아버지가 아들을 위해 금연을 시작했다고 했다. 가족의 도움과 학생의 의지, 그리고 의료적 지원이 함께하면 충분히 끊을 수 있다고 믿는다. 많은 아이들이 폐해를 모르고 시작한다. 바로 이 점이 예방 교육이 필요한 이유다.

내가 가장 중요하게 생각하는 교육이 있다. 바로 자살예방교육이다. 그런데 현실에서는 자살 사건이 일어난 후, 뒤늦게 사후약방문처럼 상담이나 교육을 하는 기관이 많다. 그러나 예방은 사전에 이루어져야 한다. 이미 벌어진 일은 다시 돌이킬 수 없기 때문이다. 강의 중 만난 한 분이 있었다. 그는 자살을 세 번 시도했다고 했다. 마치 남의 이야기처럼, "자살에 실패해서 살아남았다."라고 담담히 말했다. 10회기로 진행된 강의였는데, 중간쯤 되었을 때 그가 머리카락을 병원에서 심고 왔다고 했다. 짧은 머리카락이 앞머리 쪽에 촘촘히 심겨 있었고, 두피는 아직 붉었다. 그 모습을 보자 마음속에서 '아, 이젠 조금 안정기에 들어섰구나.' 하는 생각이 들었다. 자신을 소중히 여기지 않는 사람이라면, 비싼 돈과 시간을 들여 머리카락을 심지 않았을 것이다. 나는 진심으로 "우와! 축하드려요. 정말 보기 좋습니다."라고 말했다. 그 순간, 작은 변화 하나가 생명 존중의 회복을 보여주는 강력한 증거가 될 수 있음을 다시 느꼈다.

지인이 물었다. "강사의 매력은 뭐예요?" 나는 이렇게 답했다. "학교, 직장, 복지관, 공공기관… 삶의 현장을 직접 경험하고 느낄 수 있어서 좋습니다." 강사는 그 현장의 주인공이 아니지만, 그 안의 사람들을 만나며 배운다. 그리고 깨닫는다. 강의장에서 나의 한마디, 표정, 몸짓이 누군가의 마음에 씨앗이 될 수 있다는 것을.

어르신 강의를 가면, "말씀 참 잘한다."라며 손을 잡아주거나 먹을 것을 챙겨 주는 분들이 있다. 삶의 연륜은 긍휼을 낳는다. 자활센터 교육생들은 다양한 전직을 가졌지만, 지금은 재기를 꿈꾼다. 쉬는 시간에 들려오는 삶의 이야기에 눈물이 맺힌다. 어렵다고 포기하는 것이 아니라, 다시 살아가고자 하는 의지가 있다.

오늘도 나는 강의 현장으로 향한다. 운전대를 잡으며 기도한다. 나의 마음과 입술을 제어하시고, 꼭 필요한 곳에 개입해 주시길! 강사도 교육생도, 그 길 위에서 함께 성장한다.

6. 중년의 위기

에릭 에릭슨(Erik Homburger Erikson, 1902~1994)은 중년 (40~60세)의 시기를 '생산성과 침체감'의 시기로 설명했다. 생산성이란 내가 살아오며 쌓아온 지식과 경험을 다음 세대와 나누고, 가정과 사회 속에서 의미 있는 일을 감당하며 살아가는 것이다. 반면 침체감은 더 이상 사회에 기여하지 못한다고 느끼며 무가치함에 빠지는 상태다. 이 시기의 사람들은 회사에서 중요한 역할을 맡거나, 가정에서 자녀를 돌보고 배우자를 지원하며, 봉사로 사회와 연결되기도 한다. 하지만 직장에서의 실패, 자녀와의 관계 단절, 사회적 소외는 이들을 쉽게 침체로 밀어 넣는다.

　수정 씨의 남편도 그런 위기 한가운데 있었다. 대기업에서 묵묵히 일하며 가족을 부양하던 그는 어느 날 출근해 보니 책상이 사라져 있었다. 큰아이는 대학생, 둘째도 학비가 드는 시기였다. 회사를 그만둘 수 없는 상황에서 자존심은 무너지고, 스트레스는 극에 달했다. 결국 신체화 증상까지 나타났다. 특별한 병이 없음에도 두통과 피로가 계속되었다. 수정 씨 역시 남편의 지친 모습을 지켜보는 것이 고통스러웠다. 상담을 받으며 그녀는 남편을 위로하고, 스스로도 경제적 힘을 보태기 위해 새로운 직업에 도전했다.

　중년 남성들을 상담하다 보면 "아내가 일을 하면 좋겠다."라는 말을 종종 듣는다. 혼자서 생계를 책임지는 것이 벅차다는 솔직한 고백이다. 아이가 어릴 때는 바라지 않다가도, 자녀가 성장하면 그 마음이 커진다. 남편도 처음에는 "왜 힘든 일을 하냐."라고 했지만, 지금은 내가 일하는 것을 긍정적으로 바라본다.

　39세 직장인 동근 씨는 대기업에 다녔지만 고용 불안에 시달렸다. 그는 직장을 다니면서 7급 공무원 시험을 준비했다. 가장으로서 생계를 이어가며 공부까지 병행하는 일은 쉽지 않다고 했다. 반복되는 업무에 지쳐 퇴사를 고민하는 사람도 있다. 신입 지원자들의 높은 스펙과 치열한 경쟁률 속에서 "그래도 내가 일할 수 있음이 감사하다."라는 깨달음을 얻기도 한다. 또 어떤 이는 예상치 못한 암 진단으로 일을 내려놓는다. 아이들 교육비를 생각하며 "아픈 게 죄 같다."라고 표현한 분도 있다.

직장 맘은 어떤가? 회사 일은 점점 디지털화되면서 기능적인 면을 더 요구한다. 인원수는 충당되지 않은 상황에서 업무량이 늘어나는 현실을 따라가야 한다. 퇴근하고 나면 또 다른 직장이 기다린다고 표현한다. 바로 육아도 직장처럼. 아이와 많은 시간을 갖지 못했다는 죄책감에 욕심과 기대가 더해지면서 또 다른 숙제가 된다. 지금은 바뀌고 있지만, 전적으로 '육아는 엄마 책임'이라는 사고가 지배하는 경우엔 더 힘들다. 그나마 자녀들이 기대하는 바대로 잘 크면 다행이다. 만약 기대에 미치지 못할 경우, 마치 '엄마 탓이다'라고 자타가 인정하게 되는 사례도 있다. 이중고를 겪고 있는 직장맘의 고충을 이해하고 육아는 혼자 책임지는 것이 아님을 알았으면 한다.

어떤 중년 여성은 가정주부로서 위기를 경험하고 있었다. 아이들이 잘 컸고 남편도 여전히 직장을 잘 다니고 있다. 집안에 아무런 문제가 없다. "왜 이리 우울한지 모르겠다. 아침 일찍 일어나서 식구들을 보내고 다 식어버린 밥을 혼자 꾸역꾸역 먹고 있는 내 모습이 처량하다."라고 한다. 남편은 어엿한 사회인으로 인정받고 있었다. 가족들 뒷바라지하느라 정성을 들였건만 혼자 덩그러니 맞는 아침 식탁은 자신의 초라한 처지와 같다고 했다. 아침에 출근하기 바쁜 자녀들 시중을 다 들어 주지만 엄마의 정성을 몰라준다. 어느덧 당연하게 받아들인다. 끈 떨어진 연처럼 외롭다고 말한다. 바로 '빈 둥지 증후군'이다. 심리학 용어 사전에 따르면 '빈 둥지 증후군'이란 자녀가 독립해 집을 떠난 뒤, 양육자가 느끼는 슬픔·외로움·상실감을 뜻한다. 특히 오랫동안 온 마음을 자녀에게 쏟았던 엄마에게서 주로 나타난다. 자녀가 성인이 되어 독립하는 것은 당연히 지향해야 할 일이지만, 주 양육자는 목표 상실과 우울감을 경험할 수 있다. 이 시기는 자녀의 독립, 남편의 은퇴, 여성의 폐경 등 인생의 굵직한 변화가 한꺼번에 몰려오는 시기다. 중요하게 생각하고 익숙했던 역할이 줄어들고, 새로운 역할 전환이 요구되면서 '삶의 판'을 다시 짜야 하는 당혹감을 느낀다. 특히 전업주부로 살아온 여성에게는 이 변화가 하나의 '위기'로 다가오기도 한다.

그러나 시각을 조금만 바꾸면, 부모 역할에서 부부 중심의 동반자 관계로 돌아가는 시기이기도 하다. 서로에 대한 이해와 노력을 바탕으로 오히려 '제2의 신혼'을 누리는 부부도 있다. 성인 자녀들의 독립이 늦어져 힘들어하는 경우를 생각하면, 자녀의 독립은 '새로운 전성기'의 시작이 될 수 있다. 자녀 양육에 쓰던 에너지를 이제는 나를 위해 써보자. 동네 문화센터의 프로그램에 등록하거나, 배움에 도전하는 것도 좋다. 내 주변에는 중년에 자격증을 따고 안정적인 일을 얻어 감사함 속에 살아가는 사람들도 많다.

물론, 이 시기의 변화가 늘 순탄한 것은 아니다. 은퇴 후 창업의 길은 결코 쉽지 않다. 남편이 30년간 다니던 직장을 은퇴하고 스포츠 관련 자영업을 시작했을 때, 몇 달 만에 체중이 7kg이나 빠졌다. 사업은 경기 흐름에 민감하고, 사람 문제로 마음 상하는 일도 잦다. 세상의 변화를 읽지 못하면 어렵게 시작한 사업을 손해를 보고 접어야 한다. 큰 기업도 예외는 없다. 사람을 잘 두어야 하고, 매출이 줄면 직원 해고라는 냉혹한 결정을 내려야 한다. 사업이든 직장이든, 주인의식을 갖고 내 일처럼 책임을 다하는 사람은 드물지만, 그만큼 귀하다.

중년은 청년기를 지나 '제2의 사춘기'라 불리기도 한다. 한창 일에 몰두하다가 문득 목표를 잃고, 몸의 변화를 실감하며 '나는 잘 살아가고 있는가?'를 묻게 된다. 인간관계를 돌아보고, 직업인이라면 성취의 한계 앞에 서기도 한다. 은퇴 후 새 직업을 찾으려는 이들도, 경기 변동에 흔들리는 사업가도, 여전히 자녀 부양과 생활비로 허리가 휘는 부모도 모두 이 시기에 속한다.

인생 100세 시대에서 중년은 '허리'에 해당한다. 위로는 부모를 부양하고, 아래로는 자녀를 돌보며, 동시에 자신의 삶을 새롭게 설계해야 한다. 허리가 몸을 지탱하듯, 중년도 잘 다스리고 관리해야 한다. 지금까지 쌓아온 경험과 지혜를 다시 꺼내어 삶에 활용하고, '일을 안전하게 하는 것'에서 한 걸음 더 나아가 '나답게 살아가는 일'을 찾아 나설 때다. 중년은 끝이 아니라, 인생 2막을 여는 힘 있는 출발점이다.

7. 인생 이모작, 삼모작

어떤 남자 내담자는 경제적으로는 여유롭지만, 은퇴 후 삶의 의미를 잘 모르겠다고 털어놓았다. "은퇴하고 죽을 때까지 먹고 쓸 여유는 있지만, 시간을 어떻게 보내야 할지 모르겠어요." 직장 다닐 땐 눈앞의 일에 쫓기느라 그런 생각을 할 겨를도 없었는데, 이제는 오히려 그 여유가 괴롭기만 하단다. 남들은 '배부른 고민'이라 하거나 '부러워할 일'이라 말하지만, 정작 본인은 인생의 방향을 잃은 듯하다. 깊은 고민 끝에 하고 싶었던 공부를 시작했다. 난 요즈음 경비협회에서 '직업윤리서비스교육'을 강의하고 있다. 교육 대상자들은 대부분 은퇴한 남성들이다. MZ세대나 여성도 있긴 하지만, 대다수는 오랫동안 안정적인 직장에 몸담다가 은퇴한 사람들이다. 실업급여를 받으며 제2, 제3의 인생을 준비하고 있다. 여러 곳에 지원해도 받아주는 곳이 없고, 운동하며 놀기엔 형편이 안 되며, 노는 것도 오래 가지 않는다고 한다. 특히 은퇴 후 남은 시간이 길다면 막막함은 더 크다. 주변에 100세를 넘긴 노인들을 보며 '내 일'처럼 느끼는 이들도 적지 않다. 자식에게 손 벌리는 것도 싫고, 집에 있으면 갑갑하고 아내의 잔소리도 듣기 싫어 이곳저곳을 찾아다닌다. 인생 이모작, 삼모작은 어쩌면 너무도 당연한 일이 되어버렸다.

문명의 발달과 의학의 진보 덕분에 우리는 이전보다 훨씬 건강한 노년을 맞이할 수 있게 되었다. 만 60세에 은퇴한다 해도 40년 가까운 시간이 남는다. 이 시간을 어떻게 설계하느냐가 은퇴 후 삶의 큰 과제로 다가온다.

내가 기억하는 용문사의 은행나무는 천 년이 넘은 생명체다. 신라의 마의태자가 심었다는 이 나무는 비바람과 더위, 한파를 견디며 해마다 수많은 은행 열매를 맺는다. 그 앞에 서면 긴 세월을 견뎌낸 그 나무의 마음이 궁금해진다. 우리도 저 나무처럼 인생의 폭풍과 계절을 견뎌내며 꾸준히 결실을 맺는 존재가 되길 바란다.

며칠 전 라디오에서 들은 이야기도 기억난다. 은행장 출신 한 은퇴

자가 집에만 있으니 적적해 택시 운전을 시작했다는 것이다. 다양한 사람을 만나고 이야기를 듣는 일이 즐겁단다. 하지만 그의 친구들은 "은행장 출신이 왜 택시기사를 하냐."라며 핀잔을 주었다고 한다. 그들은 '직업'에 대한 고정관념에 갇혀 아무것도 하지 않는 무력한 삶을 사는 반면, 그는 스스로 삶의 의미를 찾아 움직이고 있었다.

높은 지위에 있다가 갑작스레 모든 것을 잃었을 때 느끼는 상실감은 상상 이상이다. 북한 이탈 주민 중에는 당의 간부로 인정받다가 부적절한 말실수 하나로 하루아침에 처지가 바뀌고, 결국 목숨 걸고 탈북을 결심한 이도 있다. 남성에게 '인정받음'의 욕구는 다른 욕구보다 더 강력한 힘을 가진다.

오랜만에 만난 동기생들의 흰머리가 늘어난 모습도 나를 돌아보게 했다. 그들 중 은퇴 후 여러 일을 가리지 않고 하는 친구도 있다. 진로 불안을 솔직히 털어놓는 친구도 있다. 아직 독립하지 않은 자녀와 부모님 부양으로 어깨가 무겁다. 남편도 마찬가지다. 위로는 부모님, 아래로는 아직 미혼인 자녀들. 은퇴 후에도 묵묵히 자영업을 이어가고 있다. 그는 '일하는 것'이 좋다고 말한다. 일을 멈추지 못하는 현실 속에서 책임을 다한다.

나 역시 일을 하러 나가는 것이 좋다. 집에서 빈둥거리면 엄마도 불편해하고, 24시간 한 공간에서 함께 있는 것이 부담스럽기도 하다. 아이들이 모두 분가한 지금, 나에게 쏠리는 관심이 때로는 사랑인지 집착인지 모를 무게로 느껴질 때도 있다. 그래서인지 밖에서 일하는 시간이 더 편할 때가 많다.

 이 글을 쓰고 있는 오늘도 오전에 학교에서 강의하고 왔다. 폭력 예방 교육으로 세 개 반을 진행했다. 대부분은 초롱초롱한 눈으로 나와 화면을 번갈아 가면서 쳐다보고 질문도 척척 잘한다. 그런가 하면 어떤 한 친구는 내가 한마디 말할 때마다 몇 마디 한다. 발언권을 가지게 되면 하라고 당부해도 막무가내다. 그것도 웃는 얼굴로. 어처구니가 없다. 반 분위기를 흐트러뜨리는 경향이 있어서 '장난'과 '폭력'에 대해서 짚고 넘어갔다. 그 친구가 수업을 마친 후 생글거리면서 인사한다. 그러면서 덧붙이는 말이 정신과에서 상담받기로 예약됐다고 한다. 강사 소개 시간에 상담사라고 소개했던 것이 생각났나 보다. 그렇다. 아이도 인정하는 부분이다. 너무나 천연덕스럽게 정신과 상담 예약됐다고 하니 다른 친구들이 "정말이야?"하고 이구동성 모여든다. 나도 모르게 "상담 잘 받길 바랄게." 담임선생님이 말한다. "우리 반이 힘든 반이에요." 나는 외부 강사로 왔다 가면 그만이지만 날마다 아이들과 씨름하는 선생님은 얼마나 힘드실지 짐작 간다. 그나마 이 학생은 다행이다. 보통 부모들이 자녀를 객관적으로 보기 힘들어하고 정신과 치료를 받는 것에 대해서 부정적으로 생각하는 경우가 많다. 학교 상담사들 통해서 듣는다. 수업을 방해하는 정도의 자녀 행동에 대한 말을 듣게 된다면 자녀와 친구들과 선생님을 위해서 상담이나 치료를 염두에 두어야 한다.

그런가 하면 "선생님 저 지금 '또래 상담자'로 활동하고 있어요. 저도 상담사가 꿈이에요." 공손하게 손 모아 인사하는 친구들, 큰 소리로 또 오라고 하는 친구들이 있다. 상담장에서 선생님들을 만날 때가 많다. 사명으로 시작했을 텐데 힘들어 보인다. 아이들과 학부모들이 생각하는 '스승'에 대한 개념이 달라지고 있다. 그래서일까? 필요한 연수만 채우고 또 다른 직업으로 2모작, 3모작 하는 선생님들을 보게 된다.

오늘도 나는 삶의 현장에서 아이들과 선생님들을 만나고 근로자들을 만난다. 그들과 함께하면서 또 다른 동기부여를 받는다. 할 일이 많아서 시간을 붙잡아 두고 싶을 때가 있다. 지금은 나의 삶의 현장을 이렇게 그려가고 있다. 우리 애들이 결혼하고 아이들을 낳게 되면 또 다른 그림을 그릴 수도 있을 것이다. 나의 인생 이모작, 삼모작은 진행 중이다.

"인생은 무엇인가 이루고자 하는 일이 없다면 무척이나 길지만,
반대로 무엇인가를 이루기에는 너무나도 짧다."

– 나카지마 아츠시

8. 나다움이란?

　중년의 위기를 경험하는 내담자 중에 상담이 의미 있고 멋있다고 했던 분이 있다. 결국엔 상담사의 길을 안내받고 상담사가 됐다. 한 내담자는 하던 전문 직업을 접고 외국에 심리학을 공부하러 갔다. 깊은 우울로 힘들 때 상담으로 만난 분이었다. '상담'에 매력을 느껴서 공부하고 싶다고 했다. 처음엔 말렸다. 전직을 한다는 것이 그리 쉬운 일은 아니기에. 천천히 깊이 생각한 후에 결정하도록 안내했는데 결국엔 그 길로 갔다. 어떤 내담자는 가족을 위해서 앞만 보고 달려왔다고 했다. '나다움'은 사치라고만 생각했다고 했다. "나답게 살라고요? 그랬으면 지금처럼 살지는 않았을 거예요." 어떤 때는 '결혼하지 않았더라면 어땠을까?' 생각해 보기도 했다. '이만하면 잘 살았다'라고 스스로 위로도 해 보지만 무언지 모를 허탈감을 떨쳐낼 수가 없다고 했다. 때론 온전히 자신만을 위해서만 살고 싶은 생각이 든다고도 했다. 남편으로서, 아버지로서 열심히 살아온 사람의 고백이다.

고(故) 장영희의 『살아온 기적, 살아갈 기적』에는 중병으로 의식을 잃고 가사 상태에 빠졌던 쿠퍼 부인의 이야기가 나온다. 저세상에서 그녀는 "너는 누구냐?"라는 근원적인 질문을 받는다. 그녀는 자신을 누구의 아내, 누구의 엄마라는 '역할'로 설명하지만, 그 대답은 통과되지 않는다. 결국 그녀는 다시 이 세상으로 돌아오게 되었고, 병에서 회복한 뒤 이전과는 전혀 다른 삶을 살아간다.

그 이야기를 떠올리며 '나답게 사는 것'이란 무엇인지, 나 역시 묻게 된다. 마트에서 애호박을 고를 때가 있다. 비닐봉지에 곧고 반듯하게 싸인 애호박을 보면, 이상하게도 '참 힘들었겠다'라는 생각이 든다. 비닐 없이 자랐다면 어땠을까. 길가에서 어르신들이 직접 농사지어 파는 애호박은 삐뚤빼뚤하고 못생겼다. 보기에는 상품 가치가 떨어지는 것처럼 보인다. 그런데도 왠지 모르게 마음이 놓인다. 못생기고 기준에서 벗어난 모습 속에 오히려 자유로움과 멋스러움이 있다.

나답게 산다는 것도, 그런 게 아닐까. 세상이 만든 기준에 꼭 들어맞지 않아도, 그 기준에서 조금 비껴나 있어도, 남들 눈에 띄지 않아도, 스스로 인정하고 기뻐할 줄 아는 삶. 누구도 흉내 낼 수 없는 자기만의 맛을 내고, 자기만의 멋을 낼 줄 아는 삶. 그것이야말로 '나답게 사는 것' 아닐까. 남들과의 비교가 아니라, 더 나은 내가 되기 위한 노력. 지금까지 살아온 '나'라는 존재를 인정하고 존중하는 것. 결국, 그런 삶은 또 누군가에게는 위로가 되고, 희망이 된다. 인생의 맛을 알아가는 시기, 중년은 바로 그런 '나다운 삶'을 새롭게 시작할 수 있는 시기다. 그리고 그렇게 살아가는 사람들이 있다는 사실이, 누군가에게 따뜻한 위로가 되었으면 한다.

인간의 행동 및 성장에 영향을 미치는 중요한 이론 중 하나인 '매슬로우의 욕구 5단계'가 있다. 먹고, 마시기 등 생존 욕구, 위험으로부터의 안전을 요하는 안전 욕구, 친구나 가족, 사회적 관계 등 소속의 욕구, 자신을 존중하고 타인으로부터 존경받고자 하는 존경 욕구, 자신의 잠재 능력을 최대한 발휘하고 자신의 가치를 실현하고자 하는 자아실현의 욕구이다. 사람마다 성향과 환경, 욕구 수준에 따라 다르다. 욕구 위계를 굳이 나이대로 나눠보자면 중년 이후의 삶은 존경의 욕구와 자아실현 욕구 단계로 보인다. 중년 이후, 질문이 많아지고 잘살고 있는지 점검하게 된다. 제2의 사춘기로서 잘 살아왔는지 돌아본다. 특히 자아실현의 관점에서 '나다운 삶'을 살고 있는지 돌아보는 시기이기도 하다.

요즘은 특히 너 나 할 것 없이 나다움에 관심이 많다. 방송에서도 카페에서도 흔히 MBTI 얘기하는 것을 듣는다. 나다움에 대한 관심의 일환이라고 생각한다. 한 사과나무의 수십 개의 사과들이 다르듯이 우리는 저마다 독특한 개성과 고유함을 가지고 있다. 해 뜨는 날 비가 내렸다. 쨍쨍 내리쬐는 빛을 가리기 위해서 A4 용지를 자동차 유리창에 끼고 달렸다. 빗방울들이 차 유리창에 맺혔다. 운전하면서 멍하니 쳐다보다가, 달리고 있는 앞차를 받을 뻔했다. 종이에 비친 빗방울 한 방울 한 방울이 내 눈을 사로잡았다. 방울방울 저마다 다른 모양으로 아름다웠다.

유학차 캐나다에 몇 년간 머물렀던 지인이 한국에 들어왔다. 함께 동네를 산책했다. 동네 산책로에 무성한 잡초를 막 베었었나 보다. 풀 향이 진하게 전해졌다. 지인이 하는 말, "캐나다에서 이 잡초 향이 얼마나 그리웠는지 몰라요." 아직 캐나다엔 방문한 적 없는 내가 물었다. "캐나다엔 잡초 향이 안 나요?" 잡초를 베도 이런 향이 나지 않는다는 것이다. 같은 잡초라도 그 땅과 환경에 맞게 '잡초다움'을 실현한다. 잡초의 특성상 전 세계에 퍼져있을 것인데 환경에 따라 다른 것을 알 수 있다.

그렇다면, 나다움을 어떻게 만날 수 있을까?

한 직장인은 바쁜 업무 속에서도 자신만의 즐거움을 잃지 않았다. 정숙 씨는 오랜 시간 공무원으로 일하며 안정된 삶을 유지해 왔다. 매일 반복되는 업무와 정해진 일상이 편안하면서도 한편으로는 점점 무기력해지는 것을 느꼈다. "이대로 괜찮을까?"라는 질문이 마음 한편에서 자꾸만 고개를 들었다. 그러던 어느 날, 문득 '사진'이라는 새로운 관심사가 정숙 씨의 마음을 사로잡았다. 처음에는 단순한 취미였다. 하지만 카메라 렌즈를 통해 세상을 바라보는 눈이 달라지고, 작은 순간들 속에서 아름다움과 의미를 발견하는 기쁨이 커졌다. 마음 맞는 사람들과 함께 사진 모임을 만들고, 서로의 작품을 나누며 소통하는 시간은 정숙 씨에게 새로운 활력을 불어넣었다. 따뜻한 연결감과 인정은 오랜 일상에 지쳐 있던 마음을 다시 일으켜 세웠다. 그렇다고 해서 정숙 씨가 공무원 신분을 내려놓은 것은 아니었다. 오히려 직장과 취미가 서로 시너지를 내면서, 일터에서도 더 자신감 있고 긍정적인 에너지가 생겼다. 정숙 씨의 이야기는 중년이라는 시간 속에서도 언제든지 새로운 '나다움'을 찾아 나설 수 있음을 보여준다.

나다움이란 꼭 대단한 변화가 아니라, 나만의 작은 관심과 열정을 발견하고, 그것을 키워가는 과정이다. 익숙한 삶에 변화를 주고 싶지만 막막한 이들에게, 작은 관심사 하나가 인생에 큰 숨결이 될 수 있다는 메시지를 전한다.

라디오에서 들었다. 작은 교회의 목회자였다. 코로나로 인해 예배당 문이 닫히고, 오프라인 예배가 중단되자 깊은 무력감에 빠졌다. 막막한 현실 앞에 먹먹함을 느꼈다. 그러나 그는 멈추지 않았다. 생전 처음 색소폰을 들었다. 어색하고 낯설기만 한 악기였지만 무엇이든 해야 한다는 일념으로 연습하고 연습했다. 유튜브 채널을 통해 색소폰으로 예배드리는 모습을 올렸다. '또 다른 방식의 예배자'로 불리게 되었다. 다시 현장 예배의 목회자로 활동하면서도 색소폰을 통해 드리는 예배도 꾸준히 올리고 있다. 더 많은 사람들이 은혜받고 있다고 전한다. 원치 않은 상황에서 물러서지 않고 새로운 자기다움을 찾아낸 사례다.

세계적인 디자이너 코코 샤넬이 이런 말을 했다. "아름다움은 네가 네 자신이 되기로 결정하는 순간 시작된다." 거창할 필요 없다. 하루 10분이라도 나를 위한 시간을 가지는 것, 좋아하는 취미를 시작하는 것, 관계에서 '아니요'라고 말할 용기를 내는 것. 작은 변화가 바로 나다움을 향한 첫걸음이 될 수 있다.

5장
노년기와 삶의 지혜

나이 듦은 축적된 시간이 아니라, 정제된 삶의 태도다.
시어머니는 초등학교도 졸업하지 못했지만, 삶을 대하는 태도는 성숙하고 따뜻하다. 보통 친정엄마와 함께 사는 것을 좋아하지 않지만, 시어머니는 정반대다. 오히려 "엄마한테 잘해드려."라고 말하며 진심 어린 배려를 보여준다.
나는 그런 시어머니의 모습에서 '나이 든다는 것'의 참된 의미를 생각하게 되었다. 노년의 지혜란 단순히 시간을 오래 산 데서 오는 것이 아니라, 삶을 어떻게 소화하고 받아들였는지에 달려있다.
심리학자 에릭 에릭슨은 인간의 발달단계를 여덟 가지로 나누면서, 노년기를 단순한 쇠퇴의 시기가 아니라 '삶을 통합하고 수용하는 시기'라고 말했다. 자기 인생을 돌아보고 긍정적으로 받아들이는 사람은 죽음 앞에서도 담담할 수 있으며, 다음 세대에게 삶의 지혜를 전해주는 존재가 된다.
이 장에서는 나이 듦이 우리에게 주는 통찰과, 삶의 지혜에 대해 함께 이야기 나눠보고자 한다.

1. 시크릿

상담을 시작한 지 어느덧 15년째다. 대학원 졸업 후 한참 지나, 전공 교수님의 특강을 들을 기회가 있었다. 강의가 끝날 무렵, 교수님은 종이와 색연필을 나누어 주며 말했다. "당신이 소망하는 바를 그림으로 그려보세요." 이미 상담 활동을 하고 있었지만, 마음 한구석엔 강의에 대한 바람이 자리하고 있었다. 그래서 나는 상담 장면과 강의 장면을 한 장면에 담았다. 구체적인 계획도 없었고, 그것이 정말 실현될 수 있을지도 몰랐다. 다만, '하고 싶다'라는 마음 하나로 그렸다. 그리고 놀랍게도, 6개월 후 나는 진짜 강의 무대에 서게 되었다. 그 순간 문득 책에서 읽었던 '시크릿'이라는 단어가 떠올랐다. 어떤 사람이 살고 싶은 집을 스케치북에 그려 넣고는 잊어버린 채 살아갔다고 한다. 오랜 시간이 지난 뒤, 실제로 이사를 하게 되었다. 그의 어린 아들이 이삿짐 속에서 낡은 스케치북을 들고나왔다. 펼쳐보니 자신이 그렸던 '그 집'이었고, 새로 이사한 집과 놀랄 만큼 닮아있었다. 그림으로 마음을 그리면, 마음이 삶을 이끌어가는 걸까. 소망이 현실이 되는 과정에는, 분명 설명하기 어려운 어떤 힘이 작용하는 것 같다.

나도 집과 관련해선 비슷한 경험을 한 적 있다. 아이들이 어렸을 때 저녁 식사 후 거실에서 공부를 가르쳤다. 거실과 현관이 바로 붙어 있는 25평형 집이었다. 중문이 없어서 거실에서 얘기한 내용이 현관 밖으로 전달되는 집이었다. 아이들을 공부시키다 보면 나무라기도 하면서 언성이 높아지기도 했다. 이런 내 모습이 신경 쓰였다. 밖에서 다 들리는데 앞집 사람들은 나를 보고 어떤 엄마라고 할지. 현관문에는 '중문 교회'라는 팻말까지 붙여 놓고 큰 소리를 낸다고 흉을 보면 어쩌지. 신앙인으로서 민폐란 생각도 들었다. 큰 소리 내지 않으면 될 일인데 쉽지 않았다. 이왕이면 다음에 이사 갈 집은 거실과 현관문이 멀었으면 좋겠다는 바람이 생겼다. 큰 소리가 나도 잘 들리지 않은 집이면 얼마나 좋을까 하고 생각했다. 그렇게 생각하고 마음으로 기도했다. 그리고 잊어버렸다.

아이들이 크면서 마음에 드는 학교와 학원 근처로 이사하고 싶었다. 남편 직장보다는 아이들 학교와 학원을 고려하고 있었다. 남편은 어지간한 일은 내가 하자는 대로 했다. 지금 생각해 보면 너무 아이들 위주로 산 것 같기도 하다. 남편 직장과는 더 먼 거리로 이사하기로 했다. 남편과 집을 보러 다녔다. 엄마가 합류하게 되면서 이왕이면 더 큰 집이 필요했다. 살고 있었던 집도 방이 세 개라 남편과 나, 아이들 둘, 엄마가 쓰기에 부족하지 않았다. 엄마는 방을 혼자 쓰는데도 답답하다고 거실에서 자겠다고 우겼다. 이런저런 이유로 집을 보러 다녔다. 마침, 마음에 드는 집이 나왔다. 내가 좋아하는 소나무가 거실 베란다 앞에 병풍처럼 서 있는 집이었다. 마음에는 들었는데 돈이 부족했다. 집이 커서 관리비도 부담됐다. 마음에 든다고 다 가질 수는 없다. 안 되겠다고 생각하고 남편에게 말했다. 수준에 맞는 것, 더 싼 것 보자고 재촉했다. 남편은 망설였다. "관리비는 많이 나오는 건 맞다." 그래서 나중에 팔 때도 그 값을 할 것이다. 마음에 든다고 하니 진행했으면 좋겠다고 했다. 급매로 나와서 시세보다 싸다는 것이었다. '그래 큰 문제는 남편의 의견을 따르자.' 그러면서 기도했다. "남편이 현명한 판단을 할 수 있도록 도와주세요." 결국엔 그 집을 계약했다. 55평형 집으로 전 집보다 거의 두 배가 되니 처음엔 발바닥이 아팠다. 창문이 크고 넓어 확 트인 느낌이 들었다. 어느 날 거실 소파에 앉아 차를 마시면서 창밖을 보고 있었다. 병풍처럼 서 있는 소나무도 그렇고 한쪽 귀퉁이긴 하지만 저 멀리 산도 보이니 감사했다. 그때까지도 몰랐다. '현관문에서 한참 들어와야 거실이 있는 집'이라는 것을. 아! 그때 아이들을 가르치면서 들었던 생각이 이렇게 현실이 되어서 눈앞에 있다니 믿기지 않았다.

내담자 진수 씨 얘기이다. 자신의 인생을 5년 단위로 나눠 계획을 세웠다. 집을 사는 시기, 직장에서의 직위, 원하는 재산 정도 등을 구체적으로 썼다. 매일 새벽에 일어나 헬스를 하고 출근했다. 일하는 동안만큼은 최대한 몰입해서 업무를 진행했다. 자연스럽게 주변의 인정으로 이어졌다. 결국 외국계 기업의 임원으로 승진하게 되고 덕분에 연봉도 크게 늘었다. 자신이 평소 써왔던 계획을 거의 다 이뤘다고 했다.

수영을 가르치는 한 선생님이 있었다. 아이들을 잘 가르친다는 소문이 나서, 많은 부모들이 자녀를 그에게 맡겼다. 대부분의 아이들은 금세 실력이 늘었지만, 단 한 명만은 아무리 가르쳐도 성과가 보이지 않았다. 노력도, 연습량도 부족하지 않았는데도 말이다. 답답하던 선생님은 어느 날 새로운 방법을 떠올렸다. 바로 이미지 트레이닝을 접목하는 것이었다. 실제 수영 훈련을 계속하면서, 매번 상상 훈련을 시켰다. 예를 들어, 물의 저항을 거의 받지 않는 최고의 수영복을 입었다고 생각하게 했다. 그리고 수영모에는 강력한 자석이 붙어 있고, 건너편

골인 지점의 벽에도 큰 자석이 붙어 있어서 서로 끌어당긴다고 상상하게 했다. 겉으로 보면 다소 엉뚱한 발상이지만, 아이는 그 상상 속에서 점점 속도가 붙기 시작했다. 실제 훈련과 상상 훈련이 함께 작용하면서, 마침내 그는 수영대회에서 우승을 차지했다.

많은 사람이 '시크릿(The Secret)'이라는 책 제목이나 개념을 들어봤을 것이다. 원하는 것을 종이에 적고, 날마다 그것을 상상하며 명상하면 우주가 도와 꿈이 이루어진다는 이야기다. 틀린 말은 아니다. 하지만 여기서 놓치면 안 될 중요한 사실이 있다. 행동이 뒤따라야 한다는 것이다.

어릴 적, 우리 집 마당에는 커다란 감나무가 있었다. 유독 홍시를 좋아했다. 하루는 감나무를 올려다보며, 곧 떨어질 듯한 홍시를 눈으로 쫓고 있었다. 입을 쩍 벌리고는, 그 홍시가 내 입속으로 '직진'해 떨어지기를 기다렸다. 그러나 그 감은 끝내 떨어지지 않았고, 결국 할아버지가 긴 장대로 따주었다. 원하는 것을 바라보는 것만으로는 부족하다. 원하는 목표를 마음속에 그리고, 비전을 세우는 건 분명 중요하다. 하지만 그것을 실현하기 위해 꾸준히 행동하는 것이 훨씬 더 중요하다.

우리의 무의식 또한, 우리가 정한 분명한 목표와 현실 간의 간극을 좁히기 위해 돕기 시작한다. 아인슈타인은 인간이 자신의 능력 중 2%

도 사용하지 못하고 있다고 말했다. 숨겨진 가능성을 끌어내리면, 우선 꿈을 꿔야 한다고 말하고 싶다. "큰 꿈을 꾸세요. 가치 있는 목표를 품고 나아간다면, 비록 실패하더라도 다시 일어설 수 있습니다." 실패 속에서도 방향을 잡을 수 있다면, 그것이 진짜 시크릿일 것이다.

노년에도 '시크릿'은 필요하다. "이제 와서 무슨 꿈?"이라며 나이를 핑계로 물러설 수 있다. 그러나 나는 그렇게 생각하지 않는다. 오히려 노년이야말로 '시크릿'이 절실한 시기일지 모른다. 이제 남은 삶을 어떤 방향으로 마무리할지, 어떤 사람으로 기억되고 싶은지, 나의 가치를 어떤 방식으로 후손에게 전할지. 이 모든 질문은 의도적인 삶의 설계에서 비롯된다. 버킷리스트를 써보는 것도 좋다. 더 늦기 전에, 나를 위한 꿈의 목록을 적어보자.

지인의 시어머니는 평소에 자기 죽음을 맞을 계절, 날씨, 상황까지도 자주 말하곤 했다. 모든 것이 그대로 이루어졌다. 자녀에게 끝까지 부담을 덜어주려는 배려였다. 이것도 하나의 '시크릿' 아닐까?

지금, 이 순간이 내 인생의 전성기라는 마음으로 오늘을 사는 것. 그것이야말로 진짜 '시크릿'의 힘이다.

2. 쉼, 여행을 통해서 배우다

회계법인에 다니는 딸이 2주 동안 휴가를 얻었다고 했다. 어렵게 공인회계사를 취득하고 힘든 일을 하는 것을 지켜본 나로서는 기꺼이 함께 여행을 가기로 했다. 직장에 취업하는 것, 그 일을 수행해 내는 것 또한 만만치 않다. 오죽하면 우스갯소리로 직장인들의 일하기 싫은 날이 오늘, 내일, 매일일까? 갑자기 진행되는 일이라, 취소할 수 있는 일정은 취소하고 날짜를 조정해서 함께 필리핀 보홀, 세부를 다녀왔다. 딸이 아니면 보통 해외여행은 패키지로 가는데 딸의 수고로 편하게 다녔다. 딸에게 고맙다.

여행 당일, 오후 강의 일정을 마치고 커피숍에서 기다리고 있던 딸과 만났다. 계양역에서 전철을 타고 인천국제공항으로 향했다. 요즘 경기가 어렵다는 말을 자주 듣지만, 막상 보면 '정말 그런가?' 싶다.

평일인데도 공항은 사람들로 북적였다. 그 모습을 보며, 우리나라의 수준과 저력을 보여주는 것 같아 괜히 뿌듯해졌다. 밤 비행기를 타고 필리핀으로 향했다. 잠결에 눈을 떴는데, 창밖으로 별이 초롱초롱 빛나고 있었다. 너무 반짝여서 잠시 꿈과 현실을 헷갈릴 정도였다. 그 순간, 여행할 수 있다는 기쁨과 감사가 조용히 마음속에서 고개를 내밀었다.

새벽녘에 도착하니, 가이드는 이미 나와 우리 일행을 기다리고 있었다. 오늘 함께 이동할 팀은 우리를 포함해 세 팀. 우리가 가장 먼저 나왔고, 한참 뒤 두 번째 팀이 모습을 드러냈다. 그러나 세 번째 팀은 다른 비행편이 도착했음에도 좀처럼 나타나지 않았다. 필리핀의 더운 바람과 매연 속에서 기다리다 보니, 마음속에 서서히 화가 차올랐다. '이렇게 다른 팀과 합류해야 할 때, 서둘러야겠구나'라는 작은 교훈을 얻었다. 그런데 마지막으로 나타난 한 커플은 유유자적하게 걸어 나와, 먼저 기다린 사람들에게 한마디 인사조차 없었다. 그 순간 또 다른 생각이 스쳤다. '인사라도 하면 좋을 텐데.' 그러다 불쑥, 내 안의 얄팍한 인격이 보였다. 거의 한 시간 가까이 기다린 끝에 마사지숍으로 향했는데, 의외로 제일 좋은 조건의 방으로 안내받았다. 보통은 마사지 침대에서 잠을 잔다는데, 넓은 침대방이었다. 혼자 속으로 화를 냈던 내 모습이 부끄러워졌다.

아침에 마사지를 받았는데, 실내가 너무 추웠다. 춥다고 말하니 조절이 잘 안되는지 끝 무렵에는 아예 에어컨을 꺼 주었다. 마음이 쓰여 팁을 평소보다 넉넉히 건넸다. 시원함은 기대만 못했지만, 미안한 마음이 더 컸다. 이후 필리핀의 대표 교통수단, 툭툭이를 타고 예약된 리조트로 향했다. 창밖으로 펼쳐진 풍경을 보며 여러 생각이 스쳤다. 어릴 적 우리네 시골 풍경과 닮았지만, 야자수와 망고나무가 그 차이를 말해주었다. 한때는 우리보다 잘 살았다던 필리핀이지만, 지금은 확연히 다른 모습이었다. 리조트 입구에서는 경비원들이 한 명씩 체크했다. 영화에서나 보던 장면처럼 입구에서 본채까지 한참 들어가야 했다. 길가에는 줄지어 선 꽃과 나무들이 화사하게 맞이했다. 드넓은 리조트 전경과 전용 해변이 한눈에, 감탄이 절로 나왔다. 가슴이 탁 트였다. 짐을 풀고 해변을 바라보며 아침 겸 점심을 먹었다. 야자수와 철썩이는 파도가 어우러진 풍경을 사진으로 담았다. 하늘빛 에메랄드빛 바다를 보고 있자니, 복잡한 생각이 모두 사라졌다. 다양한 국적의 사람들이 바다를 바라보며 식사했고, 해변과 수영장에서 물놀이하는 웃음

소리와 파도 소리, 새소리가 하나로 어우러져 여행의 시작을 알렸다.

  작년에 친한 지인이랑 패키지여행을 갔다 올 때는 몸이 안 좋아서 걱정을 많이 했었다. 우려한 것과는 다르게 몸이 개운하고 상쾌했다. 마사지를 받아서일 수도 있겠지만 눈앞의 풍경에 매료된 기분 덕일 수도 있겠다. 자유여행이라 바쁘게 쫓아다니는 일상에서 벗어난 여유도 한몫했을 것이다. 풍경에 취해 시원한 음료가 더 맛있게 느껴졌다. 모래라 표현할 수 없을 정도로 잘게 부서진 모래밭을 맨발로 걸었다. 시원하고 부드러운 촉감의 모래가 발가락 사이를 비집고 올라왔다. 바닷물에 발을 담갔다. 숙소에서 조금 쉰 다음 물놀이 복으로 갈아입고 딸이 준비한 스노클링 채비를 하고 들어갔다. 의외로 바람이 셌다. 파도가 치니 앞으로 전진이 어려웠다. 여러 번 짠 물을 들이켰다. 무용지물이 된 스노클링 장비를 팽개쳐 두고 파도에 몸을 맡기면서 놀았다. 우리들을 지켜보고 있던 외국인 부부도 바다로 들어왔다. 열심히 파도와 씨름하면서 놀았더니 힘에 부쳤다. 바다에서의 즐거운 물놀이, 만만하게 보면 다칠 수도 있다.

  다음 날, 가이드 안내로 바닷속 체험을 위해 툭툭이로 이동했다. 리조트와는 대조적인 필리핀 일상의 모습에 여러 생각들이 스쳐 갔다. 빈부의 격차는 어디에나 존재한다. 상념을 뒤로 하고 어느새 배로 갈아탔다. 바람을 맞으면서 망망대해로 나아갔다. 물빛, 바다 내음이 달랐다. 바다 한가운데, 도착지인지 여기저기 배가 멈춰있었다. 오리발을 끼고 바닷속으로 첨벙. 오색빛깔의 바닷속 세상이다. 거북이 위로 아래로 유유자적 따라다녔다. 눈도 마주쳐 보고. 거북이는 익숙한 듯 가고 싶은 곳으로 자유롭게 헤엄쳤다. 형형 색깔의 산호초와 물고기를 이렇게 많이 볼 수 있다니. 바닥에 얌전하게 있던 호화로운 색깔의 물뱀을 봤는데 너무 무서워서 빨리 벗어났다. 돌아다니다가 다시 보게 됐다. 그 자리에 가만히 있었다. 다시 얼른 몸을 돌렸다. 여기저기 돌아다니다 보니 산호초에다 낙서한 것이 보였다. 왜 이런 짓을. 다양한 색깔의 산호초가 모여 있는 곳을 벗어나 심해가 보이는 경계선까지 갔다. 우와! 갑자기 끝이 안 보이는 깊은 바다로 이어졌다. 수영을 잘함에도 더 이상 갈 수가 없었다. 얼른 되돌아왔다. 다시 도전해 보고자 심해 경계선까지 갔지만 되돌아왔다. 깊이에 대한 본능적인 두려움이다.

에베레스트보다 더 깊은 바닷속 깊이가 있다. 새로운 경험은 우리 뇌를 깨우게 한다. 깊은 감동은 '다이돌핀'이라는 엔도르핀의 3,000~4,000배나 되는 호르몬을 방출한다고 한다. 나도 모르게 깊은 감사가 올라온다. '주 하나님 지으신 모든 세계…. 숲속이나 험한 산골짝에서 지저귀는 저 새소리들과 고요하게 흐르는 시냇물은 주님의 솜

씨 노래하도다.' 이 작사가가 마치 바닷속 세상을 경험했다면 어떤 찬양 시를 지었을까? 총천연색의 예쁘고 앙증맞은 물고기들, 화려한 색깔의 산호초들, 깊은 골짜기, 심해에서 사는 다양한 생물들, 물뱀, 이리저리 호기심이 많은지 바쁘게 다니는 거북이들을 보고 어떤 가사를 붙였을지 궁금했다. 아침에 일찍 기상했더라면 볼 수 있었을 고래 떼들을 보지 못한 것이 못내 아쉬웠다. 밤에 택시를 타고 반딧불이를 보러 갔다. 리조트에서도 많은 별을 감상할 수 있었다. 반딧불이가 나온다는 지역은 더 많은 별이 반짝였다. 우와, 여기저기서 감탄사가 쏟아졌다. 대부분 우리나라, 중국 관광객들이다. 반딧불이를 이처럼 많이 본 것은 처음이다. 커다란 나무에 엄청난 수의 대가족이 산다고 했다. 마치 커다란 '크리스마스트리'를 연상케 했다. 반딧불이와 별빛이 어우러져 깜깜한 밤하늘을 수놓았다. 그야말로 진풍경이었다.

그렇다. 우리는 자연을 통해서 배우게 된다. 나는 왜 물에서 태어났냐고, 나는 왜 이렇게 작은 반딧불이로 태어났냐고 불평하지 않는다. 반딧불이는 반딧불이로, 바다뱀은 바다뱀대로, 거북이는 거북이대로 삶을 즐기고 자기 삶에 충실하다.

딸 덕분에 달리는 일상에 쉼을 얻었다. 쉼 없이 달리다간 몸이 망가질 수 있다. 여행이나 저마다의 방법으로 쉼이 필요하다. 쉼과 휴식을 통해 에너지를 충전하고 일상으로 복귀한다면, 우리에게 주어진 삶에 더욱 충실히 임할 수 있게 될 것이다.

3. 봉사와 나눔

필리핀 여행 중 신기한 나무를 만났다. 바로 바닷물에 사는 맹그로브 나무다. 바닷물에 산다는 것도 신기한데 어류, 파충류, 양서류, 포유류, 조류의 부화장이자 보금자리이다. 영양 공급원, 쉼터 역할을 한다고 한다. 폭풍우 및 해수면 상승 등 기후변화에 대응할 수 있도록 돕는 생태계 역할도 톡톡히 하고 있다. 바닷물 속의 나무뿌리가 환히 보였다. 그 뿌리로 인해 파도의 높이를 줄이고, 침식을 완화 시킨다. 폭풍우로부터 연안 주변을 보호한다고 가이드가 설명했다. 탄소 저장 기능도 있어서 기후를 조절하는 중요한 역할도 한다. 번식 방법이 다른 나무랑 달랐다. 씨를 바로 떨어뜨리면 짠 물에 죽을 수도 있단다. 기다란 콩 주머니처럼 키워서 수직으로 떨어지면서 발아한다. 바닷물에 떠돌다가 갯벌에서 발아하기도 한다. 맹그로브 나무를 통해 생명의 소중함을 배운다. 관광객들을 불러 모으니 필리핀 보홀의 살림 역할도 톡톡히 하고 있다. 여기저기서 감탄사가 들려온다. 맹그로브, 나무로써 최선을 다함으로 긍정적 영향을 미치고 있다. 인간으로서 나의 삶도 돌아보게 된다.

얼마 전, 혼자 사는 사람들을 만나 강의했다. 노년기에 혼자 보내면 외롭고 적적할 것 같다. 엄마가 노년기에 접어들면서 우리랑 함께 살고 싶다고 했을 때도 그런 마음이 느껴졌다. 혼자 사는 1인 가구라고 하니 더 신경 쓰였다. 어떻게든 잘 준비해서 조금이라도 돕는 마음이 될 수 있기를, 기도가 절로 나왔다. 내 걱정은 우려였는지 모르겠다. 밝고 맑게 맞아준 어르신들이 인상적이었다. 물론, 혼자 지내니까 적적하고 외롭다고 했다. 그래서 일주일에 한 번 나오는 모임에 더 적극적인 것 같다. 젊었을 때 정말 열심히 살았다고 했다. 장애가 있는 어떤 남자 선생님은 다른 사람들을 위해 봉사활동을 하고 왔노라고 자랑스럽게 말했다. 어눌한 말, 거동도 조금은 불편해 보였다. "너무 귀하십니다." 절로 나오는 말이다. 다른 사람들도 칭찬과 격려를 아끼지 않았다. 또 다른 남자 어르신을 향해 "저 선생님은 일주일에 한 번씩 어르신들 이용 봉사하고 있어요." 깔끔한 헤어스타일의 남자 어르신이 쑥스럽다는 듯이 머리를 매만졌다. 대상자가 많아서 말 붙일 시간도 없다고 했다. 연세가 꽤 있어 보였는데 건강이 허락하는 한 하고 싶다고 했다. 대상자 수를 제한해서 여유 있게 봉사할 수 있도록 복지사님께 전했다. 봉사하면서 이런저런 인생사를 나누고 싶은 마음이 느껴졌기 때문이다. 아프기 전까지 봉사를 많이 했다는 여자 어르신도 있다. 가진 것이 많지 않아도 나눔을 좋아한다는 사람도 있다. 오히려 강사인 내가 배우는 것이 많다.

현재, 교회에서 중등부 교사로 활동하고 있다. 청소년 시기, 많이 힘들었다. 대학 때부터 봉사했다. 결혼 후, 작은 교회에서 성가대로 봉사하다가 현재 교회에서 다시 중등부 교사로 봉사 중이다. 북한의 김정일이 중학생이 무서워서 쳐들어오지 못한다는 말이 있을 정도로 만만한 부서는 아님을 지금도 실감한다. 우리 중등부 선생님 중에 나이가 꽤 많은 분이 있다. 매년 새롭게 교사 지원서를 작성할 때마다 "난 나이가 너무 많아서 아이들이 좋아하지 않을 것 같아." 하시기에 말씀드렸다. "선생님이 계셔서 우리가 이 일을 계속할 수 있어요. 얼마나 삶의 귀감이 되는지 모르겠습니다. 올해도 꼭 자리를 지켜주세요." 진심이다. 어르신들이 자리매김하고 있어 힘이 된다. 봉사, 내 마음대로 안 될 때도 많다. 마냥 부족한 것만 같아서 미안한 마음이 들 때도 있다. 그만두고 싶을 때도 많지만, 중1을 맡아서 중3까지 잘 자라는 것을 보면 뿌듯하기도 하다. 아이들이 키가 크고 성장하면서 마음도 함께 큰다. 보람으로 다가온다. 우리 반이었던 한 친구가 벌써 청년이 되어 중등부 헬퍼로 와서 인사한다.

상담사가 되기 전, 성당에서 주관하는 성매매 여성들을 위한 집단 상담 봉사를 했다. 상담사와 내담자들 간의 대화를 적고 보고서를 쓰는 일이었다. 사람들은 겉모습만 보고 판단할 수 없다. 선택에 대한 책임이 중요하다는 것을 봉사하면서 배웠다. 지금은 소속된 기관 봉사나 교회 중등부 교사를 제외하곤 바쁘다는 핑계로 하지 못하고 있다.

'곳간에서 인심 난다'라는 속담이 있다. 물질적으로 여유 있는 사람들이 나누고 봉사하는 여력이 더 있을 것이다. 그렇다고 그 여력이 모두 실제 나눔과 봉사로 이어지지는 않는 것 같다. 폐휴지를 줍거나 평생 김밥을 말아 어려운 이웃에게 기부하는 어르신들이 있다. 마음이 넉넉한 사람들이다. 한가하고 건강해서 봉사하는 것이 아니다. 자원봉사자들을 위한 교육으로 MBTI나 행복 특강을 진행할 때가 있다. 악기 봉사, 말벗 봉사, 합창단 봉사 등 다양한 분야의 봉사자들이 있다. 작은 일이라면서 봉사를 겸손하게 표현한다. 한 분 한 분의 얼굴이 환하다. 어려운 이웃을 도울 수 있는 마음이 있는 자는 이미 마음이 부자다.

이스라엘 민족이 아주 적은 숫자임에도 경제적인 위치나 노벨상에서 단연코 1위임을 부인할 수 없다. 이런 걸 보면 유년기 교육이 중요하다는 사실을 다시금 실감하게 된다. 이스라엘 어린이들은 성경을 외우면서 위대한 영웅들을 상상한다. 그 영웅들의 이야기를 들으며 꿈을 꾸고 나라에 대한 특별한 사랑을 키운다. 초등학교 고학년이 저학년과 함께 수업을 들으면서 돕는 시간도 있다고 한다. 어려서부터 받아 온 나눔에 대한 뿌리 깊은 교육은 아이들이 보다 큰 꿈을 꾸게 한다. 자기만 아는 사람이 아닌, 이웃과 나라를 생각하는 아이로 성장하게 한다.

북한 이탈 주민을 상담으로 만난 적이 있다. 이들은 모두 목숨을 걸고 탈북한다. 어떤 사람은 탈북 과정 중 중국에서 원치 않은 결혼을 하고 아이를 낳아 키웠다. 거듭된 가정폭력으로 한국행을 결심했지만, 경비를 마련할 여유가 없었다. 중국 한인교회에서 예배 후 나눠주는 돈을 모아서 우리나라로 오는 사람도 있다. 적은 돈이지만 도움이 됐으면 하는 마음으로 목적헌금을 드리고 있다.

통일교육 후 아이들이 가끔 질문한다. "선생님 우리가 통일을 위해 할 수 있는 게 있을까요?" 그때 '통일 저금통'을 이야기하곤 한다. 어린 아이들도 통일을 준비할 수 있다. 100원, 200원 통일 저금통에 저금할 수 있다. 학생들도 알고 있다. 통일비용이 많이 들어가리라는 것을. 반에서 외모가 다르듯, 서로 성향과 욕구가 달라서 가끔 갈등이 발생한다. 갈등을 슬기롭게 풀어가는 것 또한 아주 중요한 통일 준비다. "통일은 어디서부터 시작할까요?" 하면 "바로 우리 반, 나부터요!"라고 자신 있게 외친다.

한 초등학교를 강의차 방문했다. 따뜻한 날씨였는데 아이들이 쉬는 시간에 뜨개질하고 있었다. 고사리 같은 손으로 모자를 뜨고 있었다. 의아한 생각이 들어서 물었다. "날씨가 이렇게 좋은데 털모자를 뜨고 있어요?" 아이들이 이구동성으로 말했다. "우리가 쓸 것이 아니에요. 춥고 어려운 친구들이 있는 나라에 보내는 것이에요." 내가 방문한 그 학교는 전교생이 쉬는 시간마다 뜨개질했다. 어려운 이웃을 도울 수 있다는 자부심이 묻어나는 아이들 답변이었다. 나눔과 봉사, 어른들만의 이야기가 아니다.

글을 쓰고 있는 지금 이 순간, 내 옆에는 아들이 있다. 아들은 아직 봉사는 하고 있지 않다. 그나마 다행인 점은 십일조뿐 아니라 마음이 와 닿는 곳이 있으면 여기저기 기부를 많이 한다는 것이다. 그 기관들이 본인 노트북에 리스트업 되어 있다. 딸은 아직까진 동생보단 못하지만 조금씩 나눔을 늘리고 있다. 억지로는 안 된다. 마음이 동해야 할 수 있는 일이다. 남편도 나름대로 관심 가는 곳에 하고 있다.

어린아이가 가지고 있던 보리떡 다섯 개와 물고기 두 마리를 예수님께 드렸더니 성인만 5천 명을 먹이고도 남았다는 성경 이야기가 있다. 아이한테 보리떡 다섯 개와 물고기 두 마리는 요긴한 한 끼 식량이다. 아이로서는 쉽지 않은 결정이었을 것이다. 거창하지 않아도 괜찮다. 아주 작은 나눔, 봉사가 모여 사회가 더 나은 방향으로 굴러간다.

4. 감사가 이긴다

서울에 있는 지역자활센터에 강의하러 가던 날, 예상 시간보다 너무 일찍 도착했다. 교육 담당자가 불편할 수도 있어서 시간을 보내기로 했다. 전철역에 카페가 없었다. 전철 역사에 있는 의자에 어르신이 앉아 있었다. 인사하고 둥그런 탁자 맞은편에 앉았다. 인사를 드려서 그랬는지 가방을 열더니 '홍삼 캔디'를 꺼내 나한테 내밀었다. 괜찮다고 사양해도 소용없었다. 그러면서 어르신 당신의 이야기를 꺼냈다. "아이들은 잘 컸는데 나를 돌봐주진 않아요. 나라에서 돈을 줘서 고시원 비용을 내고 남은 돈으로 생활하고 있습니다. 우리나라, 대한민국에 고맙지요. 여든이 넘었는데도 아픈 곳 없고 지팡이나 휠체어에 의지하지 않아서 감사해요. 내 나이쯤 되면 여기저기 아픈 사람들이 많지요. 그런 사람들을 만나면 낫게 해달라고 기도해요."라고 했다. 가진 게 많으면 더 좋은 것으로 줄 텐데 가진 게 별로 없어서 사탕을 사서 필요한 사람한테 준다고 했다. 그 순간 부끄러웠다. 시간이 다 되어 가방을 뒤져서 분홍빛 핸드크림을 드렸다. "어르신 제가 많이 배웠습니다. 분홍빛 예쁜 삶을 사세요."라고 인사를 드리면서 손을 잡아 드리려고 했더니 어르신이 일어났다. 등이 툭 튀어나와 있었다. "젊었을 때 많이 못 누렸어요. 지금처럼 예쁘게 잘 가꿔요." 젊다는 이유 하나로 예뻐 보였나 보다. 가진 것이 많아도 조금만 불편하면 불평, 불만을 하는 나를 일깨워 준 분이다.

설교 중에 들은 한 이야기가 생각난다. 미국의 실업가 중 스탠리 탠이란 인물이 있다. 1976년 당시 성공한 사업가로 이름난 사람이었다. 몸이 아파 병원에 갔다가 척추암 3기 진단을 받았다. 당시 척추암은 수술이나 약물로 고치기 힘든 병이었다. 사람들은 그가 '절망 속에 곧 죽을 것'이라고 생각했다. 그런데 놀랍게도 몇 달이 지나도 건강하게 출근하고 일을 하는 것이다. 사람들은 물었다. "어떻게 이런 일이 일어날 수 있어요?" 스탠리 탠이 말했다. "병으로 죽는 것도 감사, 병이 기적처럼 나아서 다시 활동할 수 있는 것도 감사"라고 기도했더니 병이 나았다는 것이다. 바로 '감사'가 탠의 병을 낫게 한 것이다.

그런가 하면 어떤 사람은 몸이 마비되는 병에 걸렸다. 모든 의학적인 치료에도 변화가 없었다. 의사로부터 "감사하라"라는 말을 반복해 보라는 말을 들었다. 그때부터 믿거나 말거나 날마다 감사를 외쳤다. 자녀들이 마비로 인한 아버지의 어눌한 말을 듣고 직접 감을 사 왔다. '감사'를 습관처럼 하는 말을 감을 사달라는 말로 오해한 것이다. 자나 깨나 '감사'를 외쳐서 치유되었다는 이야기이다.

어느 며느리와 시어머니 이야기도 있다. 남편을 사별하고 시어머니와 함께 사는 며느리 이야기다. 남편은 없지만 서로 의지하면서 살게 되었는데 어느 순간부터 불만이 생겼다. 시어머니가 하는 일거수일투족이 마음에 들지 않았다. 못마땅하니 시어머니를 대하는 행동이 거칠어졌다. 며느리 자신도 마음이 편치 않았다. 한 스님을 찾아가서 사정을 아뢰니 처방이 내려졌다. 달력을 하나 준비해서 날마다 그 시어머니께 감사한 내용을 적으라고 했다. 며느리는 속으로 생각했다. '도대체 감사할 것이 있어야 감사하지?' 그래도 스님이 내린 처방이니 해 보기로 했다. 억지로 감사 거리를 찾았다. '일을 하고 집에 오면 혼자가 아니니 감사하다', '시어머니가 있어 움직이기 싫어도 몸을 움직여야 하니 감사하다', '아무도 없는데 말할 사람이 있으니 감사하다' 등. 그러다 보니 정말 시어머니가 다시 보이고 감사할 거리가 많아졌다. 시간이 지나 어느새 며느리는 그렇게 싫어하던 시어머니 발을 씻겨드리고 있는 자신을 발견하게 된다.

어떤 내담자가 생각난다. 다 큰 아들이 두문불출, 게임에 빠져서 어머니가 밥을 차려놔도 나오질 않았다. 주로 밥도 방에서 혼자 먹거나 아무도 없을 때 먹었다. 사정사정하면 나와서 밥만 먹을 때도 있고 다시 방에 처박혀 게임만 한다고 했다. 달래도 보고 빌어도 봤지만 소용이 없었다. 남편 없이 애지중지 키운 아들이 어머니의 노력은 고사하고 중독에 빠져 딴 세상 사람처럼 살고 있었다. 자식을 키운 사람으로서 그 마음이 어떠할지 감히 짐작하는 것이 죄송했다. 위로와 공감에도 내담자의 마음이 여전히 힘들었다. 그 내담자는 불교 신자였다. 어쩌다 나온 이야기에 감사 기도를 드리겠다고 했다. 이 상황에서 감사 기도가 쉽지 않다는 것을 안다. 어쩌면 최후의 방법을 찾은 것이다. 불교에서 드리는 108배 기도를 시작했다. 특히 아들에 대한 감사의 마음을 내기 쉽지 않았다고 했다. 아들이 게임 중독 상태이지만 몸은 건강해서 감사하다. 지금까지는 기쁨의 존재로 살아줘서 감사하다. 다른 사람을 해치거나 나쁜 행동 하지 않고 살아서 감사하다. 가끔 한 섞인 소리를 하고 잔소리해도 엄마인 자신한테 함부로 하지 않아서 감사하다. 참 쉽지 않은 감사이다. 엄마의 감사 기도가 통했을까. 날마다 힘들게 108배를 하는 엄마의 마음을 알았을까. 아주 조금씩 변화가 왔다. 주로 방에서 식사를 고집하다가 식탁으로 나오고, 아주 간단한 대화도 한다고 했다. 엄마는 재촉하지 않고 기다렸다. 꾸준히 감사 기도를 드렸다. 마침내 아들이 단순한 일이지만 일을 시작했다고 했다. "정말 감사한 일이네요." 감사가 기적을 이룬다.

핀란드 알토 대학 연구팀이 발표한 감정과 체온 변화의 상관관계를 살펴보았다. 그에 따르면 감정을 억압할 때는 시체처럼 온몸이 차가워진다고 한다. 몸이 오랫동안 냉한 상태로 유지되면 신체나 정신 등 취약한 부분에 부정적인 영향을 미칠 수 있다. 우울감 또한 크게 다르지 않다. 체온은 면역력과도 깊은 연관이 있다. 특히 사랑의 감정은 체온 변화가 뚜렷하게 나타난다. 연구 결과 가장 큰 체온 변화를 보이는 감정은 '행복'이었다. 아마 그래서 사람들은 행복을 갈망하는 것이리라. 그런데 이 연구 결과를 접하며 한 가지 의아한 생각이 들었다. 왜 '감사'라는 감정은 포함되지 않았을까? 개인적인 생각으로는, 최고의 감정은 '감사'가 아닐까 싶다.

친구가 성령 체험을 했다고 전화가 왔다. 가톨릭 신자인데 한 번도 느껴보지 않은 경험이라며 감사하다고 한다. 마치 아주 심한 질병에 걸려 나았을 때 드는 감정, 이것이 곧 감사다. 세상이 환하고 밝게 보이고 풀 한 포기의 아름다움을 볼 수 있는 마음의 상태가 된다. 변한 것은 없는데 사물과 상황, 사람을 보는 마음이 바뀌어 고양된 감정을 느낀다. 감사 일기를 쓰는 사람이 많다. 나는 입에서는 수시로 "감사합니다."를 외치지만 감사 일기는 작심삼일을 반복하고 있다. 아직도 멀었다. 감사한 일이 많은데 그것을 기록으로 남기면 더 좋으련만 지속해서 일기를 쓰기 쉽지 않다. 아는 강사님 중, 정말 배울만한 특성을 갖춘 사람이 있다. 매사에 "감사합니다."를 외치고 그것을 또한 어떤 형태로든 표현한다. 얼굴이 얼마나 밝고 환한지 감사가 얼굴도 예뻐 보이게 한다. 내가 하는 말은 상대방한테 전해지기 전에 내가 먼저 듣는다. 에모토 마사루의 『물은 답을 알고 있다』에서 인간의 생각과 말이 물에 미치는 영향을 알려준다. 우리 몸의 70%가 물인 것을 고려할 때 물의 결정체가 얼마나 다양한 형태를 보일지 짐작할 수 있다. 물의 결정체 실험에서 "감사합니다."라는 말을 자주 들은 물 결정체는 보기만 해도 아름답다는 말이 절로 나온다.

감사라는 제목으로 글을 쓰다 보니 결혼할 때가 생각난다. 친척 집 좁은 방에서 살다가 넓은 집에서 살게 되니 감사했다. 사랑하는 남편이 나를 있는 그대로 존중하고 자유롭게 대해주어 속으로 "감사합니다."라는 말이 절로 나왔다. 아버지의 빈자리까지 남편을 통해 채워주신다고 생각할 때가 많았다. 남편은 여러모로 부족한 나를 만나 감사한지 정확하게 물어보진 않았다. 가족끼리 보드게임을 하다가 남편 순서에서 '세상에서 가장 잘한 일은 무엇인가?'라는 질문에 남편이 "당신을 만난 일"이라고 답했을 때 그 말에 감사했다.

살다 보면 뜻하지 않은 사건, 사고로 감사가 잠식당하는 때도 있다. 나락으로 떨어진 경험을 하는 순간, 삶에 지쳐서 포기하고 싶을 때도 있다. 그럴 때마다 우리를 낙심에서 끌어낼 가장 강력한 힘은 바로 감사다. 지금도 힘들 때면 바로 나오는 말이 "감사가 이긴다."이다.

5. 죽음, 삶의 내비게이션

얼마 전 대학 '회화 동아리' 후배가 죽었다고 남편이 말했다. 첨엔 말귀를 잘못 알아들었다. "후배 부모님?" 아니, 후배가 죽었다는 것이다. 회화 동아리라 가끔 그림도 그리고 전시회도 해서 모임이 꾸준히 유지되고 있다. 60대 초반인데 안타까운 소식이다. 그 후로 두 달도 되지 않았는데 이번에는 선배가 죽었다는 부고를 받았단다. 남편의 표정이 제법 진지하다. 아무리 남자들의 수명이 여자들보다 짧다고 하지만 인생 100세 시대가 무상하게 느껴진다.

대학 때 친구랑 안부 차 전화를 했는데 목소리에 힘이 하나도 없다.

무슨 일인가 싶어 물었다. 건강검진하고 나서 결과를 기다리고 있다고 했다. 결과가 나올 즈음 또 전화했다. 암이란다. 무슨 암인지 다른 친구랑 만나서 식사하는 자리에서도 이야기하지 않는다. 수년 전에도 뇌종양 수술을 받은 친구다. 부모님은 물론 동생들한테도 이야기하지 않았다고 한다. 친구의 성향이 그대로 드러난다. 방사선 치료하느라 살이 많이 빠졌다. 그런 와중에도 참 의연한 친구다. 그 모습이 오히려 안타깝게 느껴진다. 다른 친구랑 그 친구 이야기를 한다. 어디 내놔도 손색이 없는 친구다. 그야말로 현대판 현모양처다. 살림이면 살림, 육아면 육아, 내조면 내조 정말 반듯한 친구다. 그렇게 성실하게 살았는데 가정에서 아픔이 있다. 그 아픔을 안고 부단히 자신과 싸웠을 친구가 안쓰럽다. 성향상 잘 표현하지도 않는 친구다. 우리도 한참 시간이 지난 뒤에야 알았다. 마음을 잡을 길이 없어서 여기저기 산을 다녔다고 했다.

　인생, 참 알 수 없고 아이러니할 때가 많다. 오리무중이다. 예측불허이다. 세상에 나올 때도 우리 뜻이 반영되지 않은 것 같다. 갈 때도 마찬가지이다. '인생 시간표'는 누가 정한 것일까? 생각해 본다. 지인 남편이 60대 초반인데 세상을 떠났다. 누구보다 남편을 많이 의지한 사람이다. 지인보다 일찍 일어난 남편이 집 안에서 쓰러졌는데 지인이 일어났을 때는 골든타임을 놓친 것이다. 어떤 말로도 위로할 수 없었다. 간신히 정신을 붙들고 있는 모습을 지켜볼 뿐이었다.

　우리는 '죽음'을 외면하고 산다. 나도 마찬가지다. 동생 죽음 후 더 외면하고 싶었는지도 모르겠다. 어릴 적, 시골집 대문 옆에 증조할머니를 위한 관이 새끼줄로 매달려 있었다. 그 관을 외면하고 싶었다. 하지만 항상 의식했던 것 같다. 특히 밤에 대문을 오고 갈 일이 있을 땐 줄행랑을 쳤던 기억이 난다. 재래식 화장실도 얼마나 무서웠던지 지금 생각하면 웃음이 번진다. 어둠과 죽음, 무슨 상관이 있을까. 알 수 없는 두려움인가. 옛 어른들은 관과 수의를 미리 준비했다. 오히려 죽음을 외면하지 않고 준비했던 것 같다. 그렇게 준비하면 더 오래 산다는 믿음에 의지해 효자, 효부인 우리 할머니, 할아버지가 손수 준비해 둔 것이다. 증조할머니 죽음에 쓰일 물건들, 어린 나는 무서웠다. 지금 생각하면 "무섭다."라고 말할 걸 후회된다. 그렇게 미리 준비해서인지 증조할머니는 98세에 세상을 떠났으니 그 당시에는 정말 장수한 셈이다. 화롯불 앞에서 꼿꼿하게 앉아 연신 곰방대 담배를 피웠던 모습이 그려진다. 말은 별로 없었는데 모습은 정갈했다. 죽음도 그렇게 맞았다.
　시골에서의 죽음은 낯설지 않은 모습을 하고 왔다. 가구 수가 적은 집성촌이라 초상이 나면 온 동네가 다 알았다. 어느 집에 어떤 사람이 어떤 연령대에 사망하는지, 사망 원인까지 소문이 났다. 40대에 사망한 사람도 있었다. 어린 나이에 '50을 넘기기가 쉽지 않구나.'라고 생각했었다. 지금은 아파트에 여러 가구가 함께 살아도 어떤 분이 사망했는지 잘 모른다. 장례식장에서 치러지기 때문이다. 다만, 나이 든 어르신이 보이지 않으면 세상을 떠났나 추측한다. 시골에선 장례 절차 또한 동네 사람이 함께했다. 내 일처럼 애도하고 일손을 거들었다. 동네를 돌면서 상여가 나가고 구슬픈 곡소리가 뒤를 따랐다. 삼베옷을 입은 상주와 자손들과 남자 어른들이 선산까지 동행해서 매장하고 끝이 났다. 증조할머니, 할머니, 할아버지도 같은 절차를 거쳐 선산에 있다. 아버지가 선산을 지키면서 본인의 부모님과 조상들 묘지를 관리하고 있다. 아버지가 세상을 떠나면 이복 남동생이 그 역할을 할 것이다. 나의 존재를 이복동생들의 배우자가 모른다는 이유로 만남조차 거부하고 있는 상태에서는 내가 관여할 일은 아니다.

  가끔은 할머니 묘소를 찾고 싶은 생각이 들 때가 있다. 무덤이라는 공간이 주는 의미가 있다. 동생을 그렇게 보낸 후 동생만을 위한 공간이 없음이 못내 아쉬웠다. 그리울 때, 목 놓아 울고 싶을 때 가고 싶은 곳인지도 모르겠다. 가끔 친구가 부모님 납골당을 방문한다는 소리에 잠깐이지만 여러 상념이 지나간다. 삶이 그러하듯 죽음 또한 시간과 공간의 의미가 있는 것 같다. 함께 하는 시간과 공간의 상실, 경험의 상실을 의미하기도 한다. 세상이 기대하는 수준만큼 경험을 함께했다면 아쉬움이 덜할 텐데…. 나는 지금도 할머니를 가장 존경하고 좋아한다. 젊었을 때 병이 나아 70이 넘어서까지 건강히 사셨기에, 큰 아픔 없이 평온히 떠났다. 다시는 볼 수 없는 건 아쉽지만, 힘든 세월을 마치고 천국에서 평안을 누릴 거라 믿으면 마음이 놓인다.

그러나 동생의 죽음은 전혀 달랐다. 함께 나눌 시간이 아직 많았기에, 누리지 못한 순간들에 대한 아쉬움이 깊었다. 그 상실을 겪고 나서야 비로소 내 삶과 선택들을 다시 들여다보게 되었다.

죽음에는 바뀔 수 없는 진실이 있다. 첫째, 누구나 반드시 죽는다는 것이다. 둘째, 죽음에는 순서가 없다. 셋째, 죽음 이후에는 아무것도 가져갈 수 없다. 넷째, 누구도 다른 이 대신 죽을 수 없다. 다섯째, 죽음은 미리 경험할 수 없다.

죽음, 어떤 사람이 생각난다. 50대 후반의 여성이었다. 죽음이 너무 무섭다고 했다. 언제 어떻게 될지 모르는 죽음이 두렵다고 호소했다. 상담 홍보차 나갔다가 만난 사람이다. 나눌 수 있는 시간이 제한적이라 근처에 있는 상담센터로 안내해 드렸다. 도움은 받았는지 모르겠다.

퇴고하는 중에 시아버님이 91세로 하늘의 부름을 받았다. 얼굴이 편안해 보였다. 장례식이 아닌 '천국 환송식'이란 생각이 들었다. 이생의 문이 닫히면 또 다른 천국의 문이 열린다. 아버님 살아계실 때 작은 며느리 책을 안겨 드리면 좋아했을 텐데 아쉽다.

  아이들이 초등학교에 다닐 때, 아이들만 데리고 태국 여행을 간 적이 있다. 비행기 옆자리에 미국인 할아버지가 앉아 있었다. 우리는 손짓, 발짓으로 이런저런 이야기를 나눴다. 무슨 마음에서였는지, 용기를 내어 물었다. "하나님을 믿으세요?" 의외로 그는 하나님의 존재를 믿는다고 했다. 몸이 좋지 않아 병원에 입원했었는데, 그곳에서 임사체험을 했다고 한다. 그 경험 이후, 그는 하나님의 존재를 인정하게 되었고, 인생을 다시 돌아보게 되었다고 했다. 또 다른 사람은 트럭 운전하다 중앙선을 침범한 차량과 정면충돌할 뻔했다. 찰나의 순간, 파노라마처럼 자신의 인생이 스쳐 지나갔고, 그 일을 계기로 삶의 방향을 찾았다고 한다. 자신 있게 차를 운전하다가도 길을 잃으면 우리는 내비게이션을 켠다. 삶도 마찬가지다. 길을 잃고 방황할 때, "반드시 죽는다."라는 사실을 기억하는 것, 그것이 삶의 방향을 안내하는 내비게이션이 될 수 있다.

  글을 쓰다 보니, 죽음이 삶의 일부처럼 느껴진다. 삶을 커다란 퍼즐에 비유하자면, 마지막 퍼즐 조각은 바로 '죽음'이다. 그 조각이 맞춰져야 비로소 한 인생의 그림이 완성된다. 나의 마지막 퍼즐은 어떤 모습일까 조용히 그려본다.

"죽음을 기억하는 것은 삶을 더 잘 사는 기술이다."

— 미셸 드 몽테뉴

6. 나를 위한 용서

어르신이 상담실에 오는 것은 드물다. 나름대로 잘 살아왔다고 자부하기도 하고 오랜 고정관념이나 습관을 바꾸기가 쉽지 않기 때문이다. 상담에 대해 잘 모르는 분들도 있다. 복지관에 다니는 분들은 복지관 상담 선생님이나 생활지원사님들과 함께 삶을 나누기도 한다.

약 10년 전 예순이 넘은 순철 씨가 상담실에 내방했다. 성인이 된 두 딸이 권유한 것이었다. 지나친 간섭으로 힘들다고. 순철 씨 사연을 들어보니 6·25 전쟁 후 집이 가난해서 둘째 아들인 순철 씨가 좀 더 형편이 나은 작은 집에 맡겨졌다. 큰아들은 큰애라서, 동생은 어리다고 안되고 순철 씨가 맡겨진 것이다. 하루는 친구 집에서 놀다가 그만 늦게까지 귀가하지 못했다. 집안이 발칵 뒤집혔다. 그 소식이 전해졌고 아버지가 왔다. 어린 순철이는 큰일을 저지른 것 같아 멀찌감치 한쪽에 쪼그리고 앉아 있었다. 그런데 아버지가 한마디 말도 없이 어른들과 몇 마디 나누더니 그대로 집으로 가버렸다. 그 뒤로 '아버지는 나를 사랑하지 않는구나' 하는 생각이 마음속에 자리 잡게 됐다. "몸은 괜찮냐? 다시는 늦지 마라."라는 다정한 말 한마디, 따뜻한 손길을 기대했을 것이다. 무심함일까. 아니면 차마 떼어놓고 있는 아들에 대한 미안함에서일까. 아무튼 그 뒤부터 아버지와 거리감이 생기고 말았다. 몇 년 후 순철 씨는 다시 가족이랑 살게 되었다. 엄마 치맛자락만 잡고 늘어졌다. 성인이 될 때까지도 아버지와는 서먹했고 주로 엄마와만 소통했다.

결혼해서 두 명의 딸을 둔 순철 씨는 '나는 아버지처럼 살지 않을 거야'라고 다짐했다. 다짐이 신념이 됐다. 두 딸을 향한 사랑과 돌봄이 자녀에 대한 과한 '집착'으로 발전했다. 성인이 된 딸들이 정한 시간에 집에 오지 않으면 전화를 해댔다. 전화를 받지 않으면 어디에 있는지도 모르면서 찾아다녔다. 아버지와의 사이에서 쌓인 앙금을 풀어낼 수 있는 시간이 없었냐는 질문에 기회는 있었다고 했다. 아버지가 세상을 떠나기 전 6개월 정도 병원에 입원했었다. 아버지 간호를 맡기도 했다.

"아들로서 최소한의 도리를 했습니다. 처음엔 피부 접촉하는 것도 힘들었습니다. 억지로 했지요." 순철 씨도 '아버지에 대한 자신의 부정적 생각이 사실이 아닐 것'이라고 생각도 했다고 한다. 왜냐하면 다른 형제들이랑 아버지는 사이가 좋았기 때문이다. 그런데도 오랫동안 부정적 생각의 지배를 받아서인지 좋은 기회에도 풀어내지 못했다. 자신을 옭아매고 있던 생각에 대해 서로 말했더라면…. 아들한테 오해를 불러올 만한 행동을 한 아버지가 전혀 그럴 의도가 아니었다고 했으면 끝날 일이다. 마음속에 품었던 말을 하지 못했는데 순철 씨의 아버지가 세상을 떠났다.

순철 씨는 상주가 되어 장례식을 치렀다. "장례식장이 난장판이 됐습니다." 억울하다고 소리소리 지르고 원망하면서 울었다고 했다. 깊게 주름진 이마 밑, 푹 꺼진 눈에선 눈물이 소리 없이 흘러내렸다. 언제나 '외 바라기'만 했던 아버지에 대한 온갖 감정이 흘러넘치는 것 같았다. 이미 죽은 사람을 원망한들 무슨 소용 있을까? 그렇다고 이대로 살기엔 딸들이 힘들 것 같고 순철 씨 마음도 편치 않았다. 아버지를 만나도록 했다. 바로 심상 치료를 통해 아버지를 만나고 못다 한 얘기를 하게 했다. 마음속에 품어왔던 원망. 더 가까워지고 친밀하게 지내길 바랐던 마음. 인정받고 싶었던 마음, 형 역할까지 했던 자랑스러운 아들 등 한없이 쏟아냈다. 아들의 얘기를 다 들은 아버지의 얘기를 순철 씨의 입을 통해서 때론 상담자인 내 입을 통해서 들었다. "정말 몰랐다. 네가 그런 생각을 했을 줄은 몰랐다. 아버지로서 너를 다른 집에 맡긴 내 죄다. 무슨 면목이 있어서 너한테 야단을 칠 수 있었겠니? 너를 보고 나면 발걸음이 잘 떨어지지 않을 것 같았다. 정말 미안하다. 아버지를 용서해 주겠니?" "네, 저도 다른 형제들처럼 아버지랑 가깝게 지내고 싶었습니다. 아버지를 멀리한 저를 용서해 주세요." 심상 작업 후 순철 씨는 한결 마음이 가벼워졌다고 연신 감사하다고 고개를 숙였다.

용서가 필요한 상황, 오해에서 비롯될 수도 있다.

'용서'. 오래전에 외국의 어떤 목사님이 쓴 책에서 읽었다. 목사님의 장모님이 교회에도 열심히 다니고 봉사활동도 많이 했다. 나이가 들어 천국에 갔다고 한다. 사위 된 목사님이 임사체험으로 천국을 가게 되었는데 장모님이 보이지 않았다. "왜 우리 장모님이 안 보이실까요?" 놀랍게도 장인을 용서하지 못했기에 올 수 없었다는 이야기를 듣게 되었다. 그 후로 저자 목사님은 여러 나라를 돌아다니면서 '용서'에 대한 이야기를 복음과 함께 전하게 되었다는 내용이다.

책을 읽었을 때 엄마가 생각났다. 이 글을 쓰는 지금도 아버지를 용서하지 못한다. 용서라는 말을 입에 담고 싶지 않다고 한다. 그만큼 아버지에 대한 앙금이 뿌리 깊다. 남편에 대한 미움뿐만 아니라 외할아버지에 대한 원망도 크다. 어렸을 때 집안일로 그렇게 힘들게 하더니 결혼마저 강요당해 아버지를 만났으니 원망할 만도 하다. 게다가 아들인 내 동생마저 세상을 스스로 등졌으니, 엄마는 아버지, 남편, 아들 세 사람한테 아픔과 배신감을 느끼는 것이다. 아픔과 배신감이 엄마 마음을 차지하고 있다. 상처가 많은 엄마가 말끝마다 욕을 달고 살았다. 지금은 많이 나아졌다. 억지로 세례를 받은 엄마가 그나마 자신에 대해서는 긍휼한 마음을 갖는다. 예수님이 자신을 사랑한다고 한다. 엄마한테 용서는 더 큰 용기가 필요한 일이기도 하다. 주기도문의 "우리가 우리 죄를 사하여 준 것 같이 우리의 죄를 사하여 주옵시고" 구절은 용서를 전제로 한다.

  용서, 나도 쉽지 않다. 아버지란 존재에 용서라는 단어가 어울리지 않는다. 이복동생이라도 잘 챙기면 족하다고 받아들인다. 많은 돈을 남편이 친구한테 사기당하고 힘든 시기를 보냈다. 사기 치고 나 몰라라 하는 남편의 친구도 그냥 받아들인다. 용서라기보다는 내 마음 편해지려고 그냥 받아들인다. 아니면 속을 끓일 것이고 그로 인해 오늘을 제대로 살기 힘들 것이다. 감당할 만한 에너지가 없기에 그냥 받아들이는지 모르겠다. 용서, 굳이 찾아가서 당신을 용서한다고 말하지 않아도 된다. 전처럼 좋은 관계를 맺지 않아도 된다.

영화 〈밀양〉에서 여자 주인공은 남편의 이른 죽음과 아들의 유괴 및 죽음으로 깊은 상처를 입는다. 절망 속에서 지푸라기라도 잡는 심정으로 종교에 귀의하여 신앙의 힘에 기대고, 아들을 죽인 범죄자를 용서하려 그를 찾아간다. 하지만 범죄자는 평온한 얼굴로 "신의 용서를 받았다."라고 말하고, 그 말에 그녀는 몸서리치며 무너진다.

이 장면은 상담 장면에서도 종종 일어나는 일이다. 상담을 통해 어느 정도 몸과 마음이 회복된 이들은, 자신을 깊이 아프게 했던 사람을 찾아가는 용기를 내기도 한다. 얽힌 매듭을 풀고 용서하려는 진심에서다. 하지만 큰마음을 내고 찾아갔음에도, 돌아오는 반응은 오히려 실망을 안겨줄 때가 있다. "기억도 안 난다.", "그게 용서하고 용서받을 일인가?", "예전처럼 지낼 수 있을 거라 기대했나?" 등의 말을 듣기도 한다. 상처는 두 배가 된다. 그렇다고 복수심에 사로잡혀 살아간다면, 우선 내 몸이 망가지고 마음은 더욱 피폐해질 것이다.

용서란 결국 나를 위해 내려놓는 일이다. 쉽지 않지만, 더 나아가 사랑하면 허물도 덮게 된다. 그 사랑의 힘이 발휘되기를 소망해 본다. 어쩌면 나 역시 누군가에게는 '용서받아야 할 대상'일지도 모르기에. 진정한 용서는 기억을 지우는 일이 아니라, 그 기억에도 불구하고 다시 삶을 선택하는 용기인지도 모른다.

7. 웰다잉, 준비

우리는 원치 않아도 시간이 흐르면 자연스럽게 노년기에 접어든다. 가전제품도 오래 쓰면 수명을 달리하는 것처럼 우리네 몸도 다르지 않다. 오래 사용한 몸이 반응한다. 흰머리가 앉고 가까운 글이 잘 안 보인다. 중력 현상으로 피부가 아래로 향한다. 근력이 약해졌는지 하이힐을 자연스럽게 멀리하게 된다. 낭랑하다고 들었던 목소리도 나이를 먹는다. 원래도 유연하지 않은 몸의 유연성이 더 떨어진다. 피할 수 없는 현실이다. 몸의 변화만 있는 것일까? 글을 쓰면서도 중복된 내용을 쓸까 봐 확인하게 된다. 때론 강의 중에 적확한 단어가 떠오르지 않아

당황할 때도 있다. 혹시 치매에 걸리면 어떡하나 걱정된다.

　엄마는 기억력이 좋다. 몸을 바지런히 움직이고 아령을 들고 운동한다. 지금까지 라면, 커피도 입에 대지 않았다. 자기관리에 철저하고 부지런한 엄마. 1시간씩 성경을 읽고 기도하는 시어머니의 규칙적인 일과. 10년 넘게 투석하면서도 긍정적인 정서를 유지했던 시아버님 노년의 삶이 본보기가 된다.

　노년기에 들어서게 되면 혹시라도 자식들에게 짐이 되지 않을까 걱정한다. 치매 예방 교육을 하고 있다. 어르신들이 정말 열중한다. 65세 이상 노인의 질환 중 1위인 '치매'에 걸리지 않기 위해서라도 음식과 운동, 생활 습관을 무시할 수 없다. '100세 인생' 시대라고 하니 관리가 절실하다.

　건강하게 살기 위해 필요한 것은? 첫째, 몸이다. 작년에 여행할 때 느꼈다. 코로나 이전의 몸과 다르다. 바쁘다는 핑계로 운동하지 못했다. 몸은 거짓말하지 않는다. 건강할 때 지켜야 한다. 몸에 맞는 운동을 꾸준히 하는 습관을 다시 들여야 한다. 스쿼트부터 시작하기로 했다. 음식도 중요하다. 입에 단 음식보다 양질의 음식을 꾸준히 섭취해야 한다. 건강식품으로 손꼽히는 콩이나 콩나물 등 채소를 더 많이 먹으려고 노력한다. 달걀이나 우유 등 단백질과 칼슘을 무시할 수 없다.

둘째, 정신이다. 꾸준히 인지 활동을 하고 배워야 한다. 일의 특성상 책을 읽고 열심히 배우고자 하는 마음이 있어서 일단 안심이다. 간판이나 단어를 거꾸로 읽고 새로운 경험을 하는 것도 도움 된다. 시아버님은 온라인 장기나 고스톱으로 관리했다.

셋째, 잠이다. '잠은 보약이다'라는 말이 있듯이 잠은 몸과 정신건강에 많은 영향을 끼친다. 지금은 잘 자고 있다. 갱년기 증상이 심했을 때 잠으로 고생했다. 많은 사람을 상담하고 있었는데 당시에 상담을 모두 내려놓을 정도로 힘들었다. 수면 전문의 교육을 듣기도 했다. 하루 24시간 동안 자신이 먹고 마시는 것, 그 외 활동 등을 기록하라고 했다. 수면 방해 요인을 찾아서 행동수정을 하면 큰 효과를 볼 수 있다고 했다. 커피뿐 아니라 많은 음료에 카페인이 들어있다. 음료를 마시는 시간을 조절하거나 다른 음료로 바꾸는 것만으로도 효과를 볼 수 있다. 침대 방에선 시계를 치우는 것이 좋다. 굳이 잠이 오지 않으면 침대에서 양을 한 마리씩 세는 것보다는 차라리 일어나서 조금 어려운 책을 읽는 것을 추천한다. 자는 시간, 일어나는 시간의 루틴을 만드는 것도 중요하다. 일어나는 시간은 꼭 지키는 것이 좋다. 불가피하게 교대근무를 하는 사람들은 아침에 퇴근할 때 검정 선글라스를 착용하면 좋다. 암막 커튼이나 안대도 도움 된다. 무엇보다 잠을 못 잤다고 지나치게 걱정하지 말자. 눈을 감고만 있어도 50% 수면 효과가 있다.

넷째, 죽음 준비이다. 인생은 B와 D 사이의 C라는 말이 있다. 선택할 수 있는 자유의지가 있지만 태어나는 것과 죽는 것은 우리 마음대로 할 수 없다. 언제, 어떤 방법으로 생을 마감할지는 그 누구도 알 수가 없다. 그래서 우리는 죽음을 준비해야 한다. 죽음을 전제로 오늘의 일상을 잘 사는 것이 죽음 준비이다.

웰다잉교육을 하고 있다. 누구도 피할 수 없는 죽음을 위한 구체적인 준비는 어떤 것이 있을까?

첫째, 유언장 작성이다. 특히 물려줄 재산이 있는 경우엔 더 그렇다. 자필로 이름, 주소, 날짜, 내용, 날인 등 법적인 효력이 있는 유언장 작성을 한다. 남길 재산이 많든, 적든 재산 싸움으로 인해 자식 간의 의가 상하지 않게 해야 한다. 뉴스에서 봤다. 1억도 채 안 되는 재산 싸움으로 인해 형제들 간 법적 다툼이 많다고 한다. 어떤 내담자가 말했다. 부모님아 남긴 재산을 형제들이 모일 때마다 쓰도록 했다고 한다. 부모님 생각하면서 모임에 돈을 쓰다 보니 형제간에 더 의좋게 지내고 있다고 한다. 재산, 예술 작품, 유물 등 물질적인 유언장뿐만 아니라 꼭 자녀들에게 남기고 싶은 가치적인 유언장 작성 또한 의미가 있을 것이다. 가치적 유산은 개인의 삶에서 형성된 비물질적 자산이다. 개인의 가치관, 신념, 경험, 전통 등을 포함한다. 이는 개인의 정체성을 형성하고, 후세에 중요한 교훈을 전달하는 역할을 한다. 나의 가치적 유산은 무엇일까? 고민해 본다. 할머니로부터 받은 가치적 유산을 떠올린다. 남의 허물을 덮는 것이다. 없는 와중에도 돕는 마음이다. 사람을 귀하게 여기는 마음이다. 신을 향한 순전한 믿음이다. 할머니 모습대로 살긴 쉽진 않겠지만 흉내라도 내야겠다.

둘째, 사전 장례 의향서 작성이다. 어떤 식으로 장례를 치르고 싶은지 미리 작성하고 자녀들에게 말한다. 어느 일본인은 사전에 가족, 친지와 친구들을 초대해 생전 장례를 치렀다. 죽고 나서 호화롭게 장례를 치르기보단 살아있고 정신이 온전할 때 마음을 나누고 전하는 시간을 갖는 것이다. 임종 맞을 장소로는 집이나 병원, 요양원, 호스피스 병동 등이 있다. 개인적으로 집이면 좋겠지만 상황에 따라 할 일이다. 요즘은 매장보다는 거의 화장이 주류이다. 납골당, 수목장이나 해양장을 할 것인지 등 정하는 것이다. 개인적으론 수목장이 좋겠다. 물론 바뀔 수 있는데 바뀌면 다시 작성하면 된다. 제사를 지낸 가정은 제례 방식도 작성한다.

셋째, 사전 연명 치료 동의서 작성이다. 더 이상 환자의 힘으로 숨을 쉴 수 없다고 판단될 때, 환자의 동의 없이도 연명 치료를 하지 않겠다는 내용에 사인을 하는 것이다. 지역의 보건소 등에서 상담을 받고 진행할 수 있다. 마음이 바뀌면 수정도 가능하다. 의식이 없는 상태로 생명줄을 몸에 주렁주렁 달고 중환자실에 누워있는 게 무슨 의미가 있을까? 전체 병원비의 50%를 죽기 전 1년 동안 사용한다고 한다. 선택은 각자에게 달려있다. 어느 외국인 할머니는 몸에 심폐소생술을 절대 하지 말라고 문신을 하고 다닌다. 물론, 우리나라에서도 그렇게 하는 사람이 늘고 있는 것으로 알고 있다. 어느 정도 삶을 산 노년기엔 하늘의 부름을 받으면 자연스럽게 가고 싶다. 물론 끝에 가서도 같은 마음일지 장담하진 못한다. 막상 그 순간이 다가오면 마음이 바뀔 수도 있기 때문이다. 장기기증 서약도 할 수 있다. 장기기증으로 필요한 사람의 소중한 삶을 살리거나 연장할 수 있다. 작성 쉽지 않았다. 이 역시 바뀔 수도 있다. '사전 치매 의향서', 중증일 때 요양시설에 들어가는 내용을 작성한다. 자녀들 마음의 부담을 덜어줄 수 있다. 자녀 중에는 부모님을 요양시설에 맡기는 것 자체를 힘들어하는 사람도 있다. 주위에도 중증 치매 어르신을 돌보면서 힘든 생활을 하는 사람이 있다. 시설에 맡기는 것이 불효라는 고정관념이다. 자녀 마음을 헤아려 작성해 놓으면 좋겠다. 물론, 시설에 가고자 하는 사람은 거의 없을 것이다. 나 또한 그렇다. 하지만 자녀에게 부담이 되는 것은 더 싫다. 이 외에도 재산 정보나 금융정보, 비밀번호 등을 알려주고 자녀가 여럿일 경우에는 적절한 배분을 해서 자녀들 간에 의가 상하지 않도록 할 필요가 있다. 예전에는 아들 위주로 재산을 유산으로 남겼다. 지금은 시대가 변했다. 정말 현명한 재산 분배가 필요하다.

넷째, 쓰던 물건을 정리하고 버리는 것이다. 어떤 사람은 모친의 물건을 6개월 동안 정리했다고 한다. 최소한으로 정리하면 자녀의 짐을 더는 것이다. 사람들 간의 얽힌 매듭도 정리하고 풀고 가길 바란다.

인생이 길어서 현대 사회는 유산이 문제가 아니다. 자녀에게 손을 벌리지 않고 살아갈 수 있는 여건이 오히려 문제다. 웰다잉은 웰리빙을 전제로 한다. 100세 인생, 건강과 규모에 맞는 재산은 중요한 두 축이다. 정신적인 가치 수준이라고도 할 수 있는 가치적 유산 또한 무시할 수 없다. 죽음, 끝은 아니다. 또 하나의 문이 열린다. 아직 가보지 않은 미지의 문이지만 두려워하진 말자. 삶이 그러한 것처럼.

"하루가 평안한 잠을 주듯이 잘 쓰인 인생은 평안한 죽음을 준다."

— 레오나르도 다빈치

에필로그

다시 한번, 동생의 삶을 조용히 떠올려 본다. 짧았지만 성실했고, 많은 정을 남겼다. 마치 발달의 어느 지점에서 멈춰버린 듯한 그 아이의 삶을 되짚는 일은 쉽지 않았다. 그것은 힘겨운 여정이었고, 동시에 내 삶을 들여다보는 일이기도 했다.

우리는 모두 어떤 결핍을 안고 살아간다. 그것이 어느 시기의 것이든, 어떤 이름을 가졌든 사람마다 다를 뿐이다. 누구도 완전히 채워진 상태로 살아가지는 않는다. 이 책이 전하고자 했던 것은, 발달단계마다 각기 다른 결핍의 '성격'을 이해하려는 시도였다. 그 이해를 바탕으로, 자신과 타인을 조금 더 온전하게 마주할 수 있기를 바랐다.

동생의 부재는 여전히 선명한 고통이다. 하지만 그 고통에 머물러 있을 수만은 없다. 동생도 그것을 바라지 않을 것이다. 동생의 삶이 멈춘 자리에서, 나는 내 삶을 다시 걷기 시작했다. 그 아이의 죽음이 헛되지 않도록, 나는 오늘을 더 성실하게 살아가려 한다. 그 마음은 다짐이 되고, 다짐은 하루하루의 삶이 된다. 나에게 주어진 '오늘'이 소중하고, 그 소중한 오늘이 모여 이루어진 '삶'은 더없이 귀하다. 비록 불완전하지만, 나는 그 삶을 사랑한다.

이 책이 당신의 마음에도 조용한 전환점 하나를 만들어 줄 수 있기를. 당신뿐 아니라, 당신 곁에 있는 누군가의 고통을 조금 더 깊이 들여다볼 수 있게 되기를 진심으로 바란다. 우리는 불완전하지만, 서로의 결핍과 아픔을 이해하며 살아갈 수 있다.

다시, 빛으로 나아가자.

감사의 마음을 전합니다.

마음속에 여전히 살아 있는 내 동생에게, 그리고 언제나 곁에 있어 준 남편과 딸, 아들, 엄마에게 이 책을 바칩니다. 출간을 진심으로 축하해 준 친구들, 많은 내담자, 그리고 남겨진 이들, 모든 유가족에게도 이 책을 전합니다.

또한 글을 쓰는 여정을 시작할 수 있도록 용기와 계기를 마련해 주신 글쓰기 코치 송주하 작가님과 국민강사교육협회 회장님께 깊이 감사드립니다. 송주하 아카데미 작가들과 함께였기에 가능한 일이었습니다. 함께 가면, 멀리 갈 수 있다는 말을 다시금 실감합니다.

"처음 쓴 글임에도 불구하고 믿고 출판을 맡아 주신 미다스북스 출판사와 김은진 편집자님, 그리고 정성을 다해 함께 해주신 디자인팀을 비롯한 편집위원들께 진심으로 감사드립니다."

"상실의 어둠 속에서도 삶의 감독관이 되어 나를 붙들어 주신 나의 아바, 아버지.
당신의 빛에 감사드리며, 이 글을 마칩니다."